# Die Welt zuhause im Garten

Zwischen Fernweh und Gartensucht -
Selbstfindung auf achtsamen und inspirierenden
Reisen durch 4 Kontinente

Amalya Lamers

AF155859

Amalya Lamers

# Die Welt zuhause im Garten

Zwischen Fernweh und Gartensucht -
Selbstfindung auf achtsamen und inspirierenden
Reisen durch 4 Kontinente

**BX** VERLAG

BX VERLAG

Deutschsprachige Erstausgabe | März 2022
Copyright © | Amalya Lamers

Amalya Lamers
c/o autorenglück.de
Franz-Mehring-Str. 15
01237 Dresden

Covergestaltung und Satz | Wolkenart - Marie-Katharina Becker |
www.wolkenart.com
Lektorat | Alexander Becker | BX Verlag

1. Auflage

ISBN | 9789403659534

# Inhaltsverzeichnis

**Letzte Hinweise des Verlages zu den QR Codes im Buch:**

Liebe Leser, im Buch befinden sich insgesamt 25 QR Codes. Diese bieten Ihnen eine zusätzliche Möglichkeit der Autorin auf ihrer Reise zu folgen. Wer beim Lesen jedoch seine eigene Reise vor dem inneren Auge ablaufen lassen möchte, kann bewusst auf diese verzichten. Die QR Codes lassen sich mit dem Handy einfach über die Kamera Funktion oder klassisch per App öffnen.

Wir wünschen Ihnen viel Freude mit dem Buch!

# Prolog

## Die Wiege des Gärtnerns

Seit ich denken kann, hielt ich mich gerne in der Natur auf. Ich war ein Kind, das im Sommer seine Finger durch die im Wind wiegenden Ähren der hohen Gräser streichen ließ, um die weichen Härchen zu spüren. Und im Winter jede Pfütze in Breite und Tiefe vermaß, bis es nasse Zehen hatte. Ich war auch eine Jugendliche, die ihre Röcke stets zu zerkratzten und blaufleckigen Schienbeinen trug. Weil Kanuausflüge mit erfrischender Abkühlung beim Klippenspringen, nächtliche Bergwanderungen inklusive spontaner Schulentschuldigung wegen spektakulärer Sonnenaufgänge oder waghalsige Exkursionen durch noch nicht abgesperrte Bunker inmitten uriger Wälder einfach Spuren hinterlassen hatten. Und ich war eine Erwachsene, die nie Urlaub in klassischen Hotels machte, sondern Reisen in Europa und die Welt unternahm – stets umgeben von Flora und Fauna, Bergen und Tälern, Wüste und Meer.

Ich glaube, meine Mutter hat mir dies mit in die Wiege gelegt, das Verlangen, die Natur mit allen Sinnen aufzusaugen. Wenn wir gemeinsam nach ihrer Arbeit nach Hause gingen oder vom Einkaufen kamen, legten wir auf dem Weg oft eine Rast im Schatten mehrerer Obstbäume ein, umgeben von bunten Schmetterlingen und emsigen Bienen, die in den flirrenden Sonnenstrahlen tanzten. Sie saß mit mir inmitten einer üppig blühenden Wiese, flocht Haarkränze aus Blumenblüten und gab mir von den süßen Früchten zu naschen. Der Wind wehte sanft und erfüllte die Luft mit dem besonderen Duft des Sommers. Ein Meer aus Grüntönen umhüllte uns, die Wolken nahmen unwirkliche Formen an und es lag eine friedliche Ruhe über dieser kleinen Welt.

Ich erinnere mich auch gerne an den Garten meiner Großeltern. Er war eine Mischung aus allem. Alte Bäume spendeten Schatten vor der sengenden Mittagshitze, sodass ich oft eine Decke unter den knorrigen Ästen ausbreitete und mich umgeben von lichtem Blätterrauschen in Bücher vertiefte. Die Bäume luden auch zum Klettern ein, ich erntete unter den ängstlichen Blicken meiner Großmutter und dem eifrigen Zureden meines Großvaters die besten Früchte von den dünnsten Ästen. Aus diesen machten wir gemeinsam Marmelade, Kompott, belegten riesige Bleche Kuchen und füllten deftige Strudel. Zwischen den Bäumen gediehen reichhaltige Gemüsebeete, sinnlich geschwungene Hecken setzten Akzente und waren Bindeglied zwischen der für die Region typischen Vegetation und dem alten Steinhaus. In diesem wurden zu Festen und Feiern sämtliche Leckereien gezaubert und jeder, der zwei Hände hatte, trug sie aus der Küche in den Garten. Unter freiem Himmel, zwischen bunten Stoffgirlanden und selbstgeschlagenen Skulpturen, begegneten sich die unterschiedlichsten Menschen. Und verspeisten all die Köstlichkeiten, die der Garten geschenkt hatte. Es war ein Ort der Vielfalt, der Wärme und des Friedens, geschaffen von Menschenhand und geschmückt mit Blumen, Kräutern und Früchten. In meinen Augen war dieser Garten ein vollendetes Kunstwerk, eine Komposition von Farben und Düften, wie sie nur die Natur zu kreieren vermag, und er beschenkte mich mit wundervollen Kindheitserinnerungen.

Auch später war ich von Natur umgeben. Ich lernte Gertrud und Siegfried kennen, zwei wunderbare Menschen, die einen Schrebergarten besaßen – und ein Herz für junge Menschen. In ihrem Refugium wussten sie alles anzubauen, was zur Selbstversorgung notwendig war: Kartoffeln, Tomaten und Gurken, Spargel, Karotten, Kohl und Salate, Äpfel, Birnen, Pflaumen, Erdbeeren, Brombeeren und Himbeeren. Doch im Gegensatz zu vielen anderen Parzellengenossen war ihr Garten lebendig. Bunte Blumen gaben sich ein Stelldichein mit aromatischen Kräutern und heimischen Hecken. In wilden Ecken tummelten sich Eidechsen, im dreigeteilten Komposter überwinterten Igel und Kröten und hinter der Laube durften die Brennnesseln für Schmetterlingsraupen wachsen. Das große Wasserbecken unter einem efeuberankten Apfelbaum konnte von Gertrud und mir ganz wunderbar für eine kleine Erfrischung zweckentfremdet werden. Und die Laube glich einer Wohnung aus längst vergangenen Zeiten. Ich erinnere mich an den Wandteppich dort, der Rotkäppchen und den Wolf abbildete. Die beiden Gestalten waren umgeben vom wild-romantischen Garten der Großmutter und ich fragte mich immer, ob dieser Wandteppich für Siegfried und Gertrud als Vorlage für ihren eigenen Garten gedient hatte. Es gab viel zu tun: Kartoffeln ausgraben, Obstbäume beschneiden, Erträge konservieren oder Kompost verteilen. Die Sonne schien mir dabei in mein ungeschütztes Gesicht, Holunder und Walnüsse färbten meine Fingernägel über Wochen und mein Rücken meldete sich in regelmäßigen Abständen. Doch es war ein wundervolles Gefühl. Bei diesen beiden Menschen lernte ich nicht nur, wie man einen Garten unterhält, sondern auch eine gewisse Ehrfurcht vor der Natur.

Als ich ein wenig älter wurde und die wilden Zeiten mit Partys in Berliner Keller-Diskotheken, deren Eingangstüren sich in graffitiverschmierten Wänden versteckt hielten, hinter mir lagen, verspürte ich den Wunsch, einen eigenen Garten anzulegen. Ich träumte von einem Ort, an dem ich zur Ruhe kommen konnte, von einem Paradies, in dem üppige Blüten, seltene Falter und quirlige Vögel ein Zuhause fanden, mit heimischen Hecken und Sträuchern, in denen Igel überwintern konnten und mit einem Teich, der allein durch sein Dasein bereits eine Faszination ausübte.

Doch zuerst war ein Balkon. Das spontane Urban-Gardening-Projekt entwickelte sich aber bereits nach kurzer Zeit zur Tür in die Gärtnerinnen-Welt. Wenig später wurde ich dann von einer Parzelle gefunden. Doch als ich sie besaß, erkannte ich keine Ähnlichkeit mit den grünen Paradiesen aus meiner Erinnerung. Ich fragte mich, wo ich anfangen und wo ich aufhören sollte. Über mehrere Jahre fand ich Inspirationen, dachte über die Gestaltung des grünen Raumes nach, hatte tolle innovative Ideen, fertigte wieder Skizzen

9

und Entwürfe, verwarf sie dann doch, hegte neue Pläne – und dann ließ ich mich einfach treiben in den Wogen zwischen Frühling und Winter.

Über 10 Jahre, angefangen beim Balkongarten über eine Schrebergartenparzelle bis hin zum Krautgarten, lernte ich viel über das Gärtnern, über die Natur und über mich. Es war ein Prozess, den ich durchlebte und in dessen Rahmen viele kleine grüne Refugien entstanden, die mich auf eine ganz eigene Art und Weise widerspiegelten. Besonders tiefe Fußabdrücke haben meine Reisen hinterlassen. Die unauslöschlichen Erfahrungen, die Begegnungen mit verschiedensten Personen, das Eintauchen in ihre Lebenswelten und das Tingieren in fast unwirkliche, wilde Naturräume waren Grundstein für die Gestaltung meiner Gärten.

In diesem Buch möchte ich Sie auf eine Reise mitnehmen, eine Reise durch verschiedenste Länder dieser Welt, zu Menschen und Kulturen, in unberührte Buschlandschaften und atemberaubende Nebelwälder, in fremde Gärten und in meine eigenen. Diese Reisen waren gespickt mit witzigen, traurigen, haarsträubenden, wilden, spirituellen, ambivalenten, bewegenden und ruhigen Momenten – sie haben mich verändert und auch davon möchte ich in diesem Buch berichten. Denn die Eindrücke klingen bis heute in mir nach und beeinflussen noch immer mein Handeln, nicht nur im Garten. Vielleicht erkennen Sie sich manchmal wieder oder betrachten einige Dinge mit anderen Augen. Oder Sie finden ein wenig Inspiration für Ihre nächste Reise – ob in die Ferne oder in den Garten.

# Kapitel 1

## Über die Schnittstelle von mozambiquanischen Fußball und Urban Gardening

### 1

Ich arbeitete in einer Wohngruppe für Kinder und Jugendliche mit psychiatrischen Erkrankungen. Die jungen Menschen waren einzigartig, sie hatten Sonne im Herzen und Flausen im Kopf. Wenn sie sich uns gegenüber öffneten, lugte hinter der rauen Schale eine Persönlichkeit mit Wärme, Humor, Kreativität und Tatendrang. Doch zugleich waren diese jungen Menschen stets nur einen Wimpernschlag von zerstörerischem Selbsthass, blinder Wut oder destruktiven Zweifeln entfernt. Manche der Kinder und Jugendlichen stammten aus Familien, die von Vernachlässigung, Zerrissenheit oder Gewalt geprägt waren. Einige kannten durch ihr Elternhaus Sucht und Kriminalität besser als gemeinsame Mahlzeiten, Hausaufgaben und Freizeitaktivitäten. Andere lebten vorher in geordneten Verhältnissen, doch aufgrund ihrer psychischen Krankheit erschütterten sie die eigentlich intakte Familie und sprengten jeden Rahmen, in dem sie agierten.

Seit 7 Jahren begleitete ich mit meinen Kollegen und Kolleginnen diese jungen Menschen auf ihren Lebenswegen. Wir waren Eltern, Nachhilfelehrerinnen, Aufklärer, Friseure, Köche, Geschichten-ErfinderInnen, Styling-BeraterInnen und Tröster. Wir alle versuchten, den Kindern und Jugendlichen ein Stück ihrer Würde zurückzugeben, sahen jeden Tag mit seinen Herausforderungen als Lernmöglichkeit und gaben ihnen Wärme, Kontinuität, Rückhalt und Verlässlichkeit. Und wir halfen auch immer wieder beim Koffer packen und sprachen Ermutigungen aus, wenn einer der jungen Menschen zurück in seine Herkunftsfamilie ging, auch wenn wir wussten, dass den Eltern das Zusammenleben sehr wahrscheinlich wieder über den Kopf wachsen würde und dieses Dilemma die Kinder und Jugendlichen in die nächste Einrichtung führen konnte.

Ich liebte meine Arbeit. Sie war Beziehung und Berührung, sie war nah, menschlich und echt, aber auch anstrengend, kräftezehrend und demotivierend. Hoffnung, Leid, Freude, Kummer, Verzweiflung, Glück – all diese Gefühle waren stets allgegenwärtig und manchmal übermannten sie mich. In 7 Jahren hatte ich viele junge Menschen kommen und gehen gesehen. Die Kinder und Jugendlichen wuchsen mir oft sehr ans Herz und manchmal hatte ich das Gefühl, was wir taten, war nicht genug, um sie stark für die Welt außerhalb der Wohngruppe zu machen. Denn trotz all unserer Bemühungen waren die frühkindlichen Erfahrungen für sie oft so prägend gewesen, dass die jungen Menschen nicht selten wieder in alte Muster verfielen, sobald sie aus der Wohngruppe entlassen wurden. Und auch in der Herkunftsfamilie konnten wir meist trotz unseres Einsatzes nicht immer die richtigen Stellschrauben drehen, um aussichtsreichere Bedingungen für alle Familienmitglieder zu schaffen. Es war mir manchmal, als wäre ich ein Blatt, dass vom Winde des Alltages fortgetragen wird, sobald sich die Wege trennten und all unsere Intentionen waren nur noch eine nebelige Erinnerung in den Herzen der Kinder und Jugendlichen.

Irgendwann gab es einen Punkt, an dem ich mich wie Teil einer temporären Aufbewahrungsanstalt fühlte, ohne Aussicht, überhaupt irgendeinen positiven Einfluss auf die Lebenswege der jungen Menschen nehmen zu können. In meinen Augen verblassten all unsere Anstrengungen während der Zeit in der Wohngruppe in der erdrückenden Schwere ihres belastenden Lebens einfach so schnell wie die alten Fotos des scheinbar glücklichen Kindes an der Wand einer bröckelnden Familie. Ich erkannte bald, dass ich Gefahr lief, den Wert der jungen Menschen und die Arbeit, die ich investieren wollte, zu beziffern. Dabei lag es mir eigentlich fern, nach dem etwaigen gesellschaftlichen Nutzen, den einfacher zu erfüllenden Bedürfnissen oder der Besonderheit des Einzelnen zu beurteilen. Aber diese Gefühle schlichen sich mehr und mehr in mein Herz und durchdrangen mein Bewusstsein - mit der Folge, dass ich Angst hatte, mit den Kindern und Jugendlichen in einen innigen Austausch zu gehen und etwas zu geben, ohne eine Erwartungshaltung aufzubauen. Es fiel mir zunehmend schwerer, mich bedingungslos auf meine Gegenüber einzulassen, weil es aufgrund der psychiatrischen Erkrankung der Kinder und Jugendlichen eben nicht immer zu einem wechselseitigen Geben und Nehmen hinauslief und dementsprechend der Erfolg meiner Arbeit nie abzusehen oder gar zu kalkulieren war. Das machte meine Arbeit allmählich oberflächlicher und kühler.

# 2

Im Laufe des Lebens arbeitet man für gewöhnlich viele Themen auf. Meine Aufarbeitung dieser Erfahrungen glich jedoch eher einer Verlagerung auf Nebenschauplätze, da das Drama, welches sich in meinem Inneren abspielte, für mich nur schwer zu ertragen war und ich auch keine Lösung zur Hand hatte. Das Verdrängen war jedoch nur eine kurzfristige Lösung, langfristig musste ich mich dem eigentlichen Konflikt stellen und ihn aufbrechen. Manchmal haben wir Glück und es gelingt uns, zu erkennen, was wir dazu brauchen, wie wir uns wieder motivieren können und welche Unterstützung dafür notwendig ist.

So beantragte ich den Abbau meiner angesammelten Überstunden und konnte schon bald auf eine 4-monatige Pause blicken. Während dieser Zeit las ich zufällig einen Artikel über ein Projekt in Mozambique, welches von der Freiwilligenarbeit lebt. Ich folgte meiner Intuition und bewarb mich als Volontärin - schon wenige Wochen später erhielt ich einen Brief mit den genauen Eckdaten für das nächste Projekt.

Im Januar 2009 befand ich mich dann in Südafrika an der Grenze zu Mozambique. Als Gepäck hatte ich lediglich einen Trekkingrucksack mit Bekleidung, Essen, Wasserfilter, Schlafsack und Isomatte, ein altes Fahrrad, einen Notizblock und meinen Fotoapparat dabei. Ich fühlte mich frei von Erwartungen, mein Herz war offen für die Welt und ich war gespannt, was mich erwarten würde. Der Grenzübergang Giriyondo, welchen ich überqueren sollte, um auf der anderen Seite von einem Mitarbeiter der Hilfsorganisation abgeholt zu werden, glich für deutsche Verhältnisse einem winzigen Försterhäuschen, sodass ich ihn erst einmal gänzlich übersah. Unsicher am Metallzaun entlang schlendernd entdeckte ich eine bunt bebilderte Schautafel, welche mich über die grenzüberschreitenden Populationen von Elefanten, Nashörnern, Antilopen und Gnus informierte. So folgerte ich, dass der unscheinbar anmutende Holzverschlag, welcher sich am Horizont abzeichnete, doch bedeutungsvoller sein könnte, als ich dachte und schritt darauf zu. Auf mozambiquanischem Boden wurde ich dann zu einem großen Camp gebracht und erhielt mit meinen zukünftigen Kollegen grundlegende Informationen über die Arbeit der nächsten 2 Monate.

Mozambique ist eines der ärmsten Länder der Erde, gebeutelt von der Profitgier der Industrienationen, ethnisch motivierten Bürgerkriegen und verheerenden Naturkatastrophen. Etwa 3 Millionen Menschen sind in der Metropolregion Maputo ansässig, doch die restlichen 30 Millionen Menschen leben verteilt in kleinen Dörfern. Mehr als die Hälfte aller Mädchen und Frauen sind Analphabeten und nur jedes dritte Kind besitzt eine Geburtsurkunde. So sind diese Menschen Kinderarbeit, Missbrauch, Zwangsehen oder Kindersoldatendienst schutzlos ausgeliefert. Besonders prekär ist die medizinische Situation des Landes. Die Kinder- und Müttersterblichkeit ist extrem hoch, zudem hat nicht einmal jeder zweite Mensch Zugang zu sauberem Trinkwasser und mehr als 1,5 Millionen Kinder sind Aidswaisen. Viele Hilfsorganisationen haben es sich daher zur Aufgabe gemacht, durch Schulbildung, Aufklärung, medizinische Infrastruktur und Brunnenbau grundlegende Veränderungen zu schaffen, um so die Armut zu bekämpfen.

Die Organisation, in der ich für 2 Monate helfen wollte, verschrieb sich der HIV-Aufklärung Jugendlicher und junger Erwachsener. Denn aufgrund der Armut sahen sich viele junge Männer gezwungen, im Nachbarland Südafrika Geld zu verdienen. Südafrika war verglichen mit Mozambique ein reiches Land, voller Möglichkeiten – und voller HIV. Die Durchseuchung bei den unter 30-Jährigen lag dort bei mehr als 25 % und die jungen Mozambiquaner brachten nach monatelanger Arbeit meist nicht nur Geld sondern oftmals auch das Virus mit nach Hause in ihre Dörfer. Unwissend verbreitete sich so innerhalb kürzester Zeit auch in Mozambique die Immunschwäche und brachte das ohnehin labile Gesundheitssystem zum Erliegen.

Um den Teufelskreis aus HIV, Armut und Stigmatisierung zu durchbrechen, ist die Organisation 2006 unkonventionelle Wege gegangen. Die Initiatoren hatten erkannt, dass es wenig Sinn macht, europäische und amerikanische Ärzte in rurale Gebiete Mozambiques zu entsenden, um dort Aufklärungsarbeit zu leisten. Denn die wenigsten jungen Menschen verfügten nach ihrer Schulbildung über das Verständnis immunologischer Prozesse, das Leben war oftmals noch bestimmt durch Naturglauben und die Meinung der Dorfältesten herrschte vor. Stattdessen versuchte die Organisation, einige junge Mozambiquaner zwischen 15 und 18 Jahren weiterzubilden, damit diese gemeinsam ein Theaterstück zum Thema HIV erarbeiten und es in verschiedenen Dörfern aufführen konnten. Die Initiatoren erhofften sich, dass durch die Einbindung der einheimischen Jugendlichen die Vermittlung von Wissen auf Augenhöhe stattfindet und die Zielgruppe sich durch den geringen Altersunterschied angesprochen fühlt. Der Schneeballeffekt sollte bewirken, dass trotz temporärer Abwanderung nach Südafrika die Morbidität von HIV und die Anzahl der Aidswaisen in Mozambique sinkt.

Am zweiten Tag meines Trips saß ich also zusammen mit einer britischen Ärztin, einem neuseeländischen Studenten und einem belgischen Farmer in einem Zelt, umringt von 8 mozambiquanischen Jugendlichen, die alle unterschiedlichen Ethnien angehörten. Väter und Großväter der jungen Menschen hatten noch vor wenigen Jahren Kriege gegeneinander geführt, Vorurteile und Argwohn lagen schwer in der Luft, die aggressive Stimmung war erdrückend. Ich fragte mich, wie wir diese 8 Jugendlichen, die durch die Vergangenheit ihrer Familien so spürbar geprägt waren, für das Thema HIV sensibilisieren konnten. Ich hatte das Gefühl, verglichen mit den seelischen Wunden der Stammesmitglieder, war HIV einfach so unbedeutend wie ein Tropfen im Meer.

Doch wir stellten uns der Atlasaufgabe. Und entgegen aller Erwartungen kreierten wir innerhalb einer Woche ein witziges Theaterstück, bastelten pompöse Requisiten und nähten schrille Kostüme. Wie überall auf dieser Welt bewegten sich die Jugendlichen dabei auf dem schmalen Grat des

Erwachsenwerdens, getrieben vom biochemischen Chaos der Hormone und Botenstoffe. Ohne die erdrückende Enge des Stammes waren sie plötzlich bereit, sich dem Strudel kindlicher Geborgenheit entreißen und in die Wildnis der großen Welt zerren lassen. Mit einem Mal begriffen sie, dass sie die Chance auf eine bessere Zukunft in den Händen hielten, wenn sie den Mut zur Veränderung aufbringen könnten. Ihre Sichtweise veränderte sich und bald betrachteten sich die Jugendlichen als Forscher auf dem Weg, ein außerordentliches Land zu entdecken, obwohl sie wussten, dass sie niemals wieder zurückkehren könnten. Weil dieses neue Land Leben hieß.

Und allmählich begannen die jungen Menschen durch die gemeinsame Arbeit auch zu verstehen, dass nur sie selbst sich von der Last der Vergangenheit befreien konnten und dass die Dinge leichter und erträglicher wurden, wenn sie ihre Worte wiederfanden. Fast so als müssten sie eine Dosis Gift neutralisieren, öffneten sich die Jugendlichen zögerlich. Sie erklärten uns, dass die afrikanische Großfamilie den gesellschaftlichen Mittelpunkt bildet, die Mitglieder niemals denunziert oder in Frage gestellt werden dürfen und sich der einzelne nur über die Familie identifizieren kann. Wir verstanden langsam, dass diese Verbindlichkeit und Verpflichtung zwar Schutz und Fürsorge brachte, gleichzeitig war sie jedoch auch eines der größten Hindernisse für Entwicklung und Verwirklichung des Einzelnen. Die Diskrepanz zwischen Loyalität und Freiheit drohte sie aufzufressen. Erinnerungen an die Jugendlichen aus meiner Arbeit wurden wach.

Ich erfasste die Welt um mich herum durch ein Prisma, blickte auf meine Familie, meine Freunde, Nachbarn, Arbeitskollegen und Fremde, die meinen Lebensweg gekreuzt hatte. Ich stellte mir vor, wie all diese Menschen irgendwann an einem Punkt ihres Lebens durch dunkle Flure gegangen waren, unerträgliche Einsamkeit, absolute Machtlosigkeit und erdrückende Finsternis gespürt hatten. Und nun trotzdem mitten im Leben standen. Wahrscheinlich waren wir Erwachsenen nichts anderes als vernarbte Kinder, deren Wunden auf dem Weg verheilt sind.

Vielleicht sollten wir als Wegbegleiter vieler Jugendlicher mehr Kraft und Mut dahingehend investieren, uns ihrer Narbenpflege zu widmen statt Prothesen zu bauen. Damit diese jungen Menschen aufhören, Wunden aus ihrer Kindheit als fehlerhaft zu bewerten, als etwas, was sie lieber verstecken oder vergessen möchten, was sie hindert, frei zu leben. Denn sie begleiten uns, diese Wunden, sie werden zu Narben, als ein Teil von uns. Und während die Jugendlichen allmählich ihre Kinderhaut abstreifen, sich auf zu neuen Ufern machen und empfänglich sind, könnten wir ihnen helfen, die Sichtweise zu ändern. Wir sollten die jungen Menschen darin bestärken, ihre Narben nicht als Zeichen zu betrachten, was beschädigt ist, sondern als Erinnerung, was erschaffen wurde.

# 3

Nach nur einer Woche fuhren wir mit einem einheimischen Fahrer in einem Truck Richtung Norden, um das Theaterstück aufzuführen und die Menschen aufzuklären. Das Land war unfassbar weit, geprägt durch dichten Busch und üppige Steppe. Hin und wieder durchzog ein Bergmassiv die Region oder ein reißender Fluss bahnte sich seinen Weg in Richtung Küste. Grüne Schirmakazien, welche zwischen den Sträuchern filigran aufragten und horizontale Eyecatcher bildeten sowie monumentale Baobab-Bäumen, die aussahen, als hätte Gott sie kopfüber vom Himmel zur Erde fallen lassen, dominierten die Vegetation. Aber auch Wetterextreme wie Dürren und Überschwemmungen sowie der jahrelang wütende Bürgerkrieg prägten hier und da das Bild und hinterließen inmitten der Savannenlandschaft eine jahrelange Schneise der Verwüstung, das Land war dort kahl und braun.

Langsam erholte sich Mozambique und lud zu Entdeckungen bei kleinen Wanderungen ein. Die Jugendlichen kannten die Region im Umkreis ihrer eigenen Dörfer sehr gut und unterbrachen die Fahrt immer wieder, um uns stolz ihre Heimat zu zeigen. Zögerliche Giraffen warteten am Wasserloch, um dann in einer passenden Minute fast kopfüber in das kühle Nass einzutauchen und die nachtaktiven Nilpferde, welche zwischen den Felsen und Pflanzen zum Schutz vor Sonnenbrand abgetaucht waren, aufzuschrecken. Unzählige Elefantenherden dösten im Schatten von Affenbrotbäumen, doch als sie uns bemerkten waren sie hellwach und nahmen ihre Jungen schützend in die Mitte. Immer wieder war ich beeindruckt von handtellergroßen, daumendicken Raupen, baumhohen Termitenhügeln oder faustgroßen, bunt schillernden Heuschrecken. Die Landschaft war atemberaubend.

Schnell erfuhr ich auch, welches endemische Kraut ich pflücken und zerreiben musste, um biologische

Seife zum Händewaschen zu erhalten. Auch als ein Seil meines Zeltes gerissen war, zeigten mir die Jugendlichen sofort eine sisalähnliche Pflanze, die in Stabilität und Flexibilität einem Tau in keinster Weise nachstand und mir für die weiteren Wochen mein Zelt am Hering fest verankerte. Selbstverständlich mussten wir vier unwissenden „Weißen" auch in die Schule des Lebens gehen und lernten durch den Schabernack der Jugendlichen einige Besonderheiten der Flora und Fauna des mozambiquanischen Buschlandes. So bekam ich an einem Tag ordentlich Kater-Kopfschmerzen, da ich bei einer Wanderung eine größere Menge Marula-Früchte vom Baum gegessen habe, nachdem mir die Jungs vom köstlichen Geschmack vorgeschwärmt hatten. Mir war bis zu diesem Zeitpunkt nicht klar, dass die Früchte meist schon vor dem Fall gären und daher mit Alkohol angereichert sind. Und ich wusste bis zur vierten Übernachtung im Busch auch nicht, warum uns die Jugendlichen ein wenig spitzbübisch belächelten, wenn wir erst nach Einbruch der Dunkelheit unsere Zelte aufschlugen – bis ich an einem Morgen beim Zusammenrollen meines Zeltbodens mehrere Löcher in der Erde bemerkte und nach der Herkunft dieser fragte. Die Jugendlichen grinsten und erklärten, es handelte sich dabei um die Ausgänge einiger Vogelspinnennester, auf denen ich nachts geschlafen hatte – immerhin getrennt durch einen 0,2 mm dünnen Zeltboden.

Zwei Monate lang tuckerten wir im Truck Richtung Norden. Unsere Fahrt war abenteuerlich, denn die in der Landkarte als „Bundesstraßen" markierten Routen glichen eher einem land- und forstwirtschaftlichem Nutzweg mit der Gesamtbreite von maximal drei Metern. In der Regenzeit hatte sich zudem das Wasser seinen Weg in Richtung Küste gebahnt und in regelmäßigen Abständen tiefe Risse und Löcher in die Straßen gerissen. Geteerte Abschnitte wirkten oft wie Fremdkörper in der staubigen Piste, welche offensichtlich in den vergangenen Jahrzehnten keiner großen Änderung unterworfen war. Manchmal hinderte uns auch ein umgestürzter Baum an der direkten Weiterfahrt, ein anderes Mal mussten wir einen größeren Umweg fahren, weil das Flussbett doch noch tiefer war als der Truck verkraftet hätte. Doch wir kamen immer zu unserem Ziel.

Zwischen Wäldern, Savanne und Flusstälern lagen die einzelnen Dörfer, die Stationen für das Theaterstück. Bevor wir jedoch in Aktion treten konnten, folgten wir selbstverständlich dem strengen afrikanischen Verhaltenskodex: Zuerst wurde der Dorfälteste von unserem einheimischen Fahrer über das Vorhaben mit theatralischen Darbietungen, die bereits schon eindrucksvoll genug gewesen wären und sämtliches Interesse der Dorfbewohner weckten, unterrichtet. Anschließend musste dieser mit zeremonieller Wichtigkeit andere hohe Dorfmitglieder über die geplante Aktivität informieren, damit diese dann streng geheim abstimmen konnten. Die Neugier überwiegte jedes Mal und so schlugen wir fast täglich in einem anderen Dorf unsere Zelte auf.

Unser Lager war das Highlight, wir waren immer umringt von Kindern und Erwachsenen, die neugierig jede unserer Aktionen verfolgten und sich geehrt fühlten, dass wir sie besuchten. Selbstverständlich wurden wir auch immer zu Führungen durch das Dorf eingeladen. Dabei lernte ich, dass im Hinterland die Schule das einzige rechteckige Gebäude darstellte und bis zu 70 Kinder, welche auf zusammengenagelten, ungehobelten Holzbohlen saßen, gleichzeitig beherbergte. Die Wohnhäuser hingegen waren allesamt rund gebaut, aus Lehm und Stroh, mit vorgelagerten Feuerstellen und sorgfältig aufgereihten Behältnissen, welche das mühsam herbeigetragene Wasser bereithielten. Viele Familien bewirtschafteten Gemüsegärten, in denen unterschiedlichste Genusspflanzen gediehen. Diese kleinen, feldähnlichen Areale lagen verstreut zwischen den Hütten und durchzogen das Dorf wie ein blühender und grünender Flickenteppich. Die Ernte bewahrten die Menschen dann geschützt in mannshohen, sisalumwobenen Taschen in den Bäumen auf. Sorgfältig abgeteilt von Häusern und Gemüsegärten im Schatten der Bäume und in der Nähe einer Wassertränke hielten die Dorfbewohner auch Hühner oder Kühe, die der Gemeinschaft gehörten und die jeden ernährten. Immer wurde für uns traditionell gekocht und ich bekam einen kleinen Eindruck von der unglaublich vielfältigen und einzigartigen Küche Mozambiques.

Der Versammlungsplatz war der Hotspot des Dorfes: für Fußballturniere, zu rituellen Initiationsriten oder Hochzeiten, als Herberge für mobile Ärzte – und für Theaterspieler.

Das Theaterstück, welches die Jugendlichen darboten, war wirklich erfolgreich. Mittlerweile brannten die jungen Menschen für das Thema und so vermittelten sie ganz unverblümt den Gleichaltrigen, welche zwar unterschiedlichen Volksgruppen angehörten, aber doch das gleiche Schicksal teilten, eine Botschaft von Verantwortungsbewusstsein – sich selbst und anderen gegenüber.

Ich genoss diese Wochen in vollen Zügen. Die Starre und die Kühle, welche mich vorher gefesselt und mir die Luft zum Atmen genommen hatten, ließen in ihrer Intensität nach, sie waren nicht mehr so gewaltig und einvernehmend. Allmählich hatte ich das Gefühl, wieder weich zu werden, wieder „ich" zu werden.

# 4

Nach 2 Monaten war unser Projekt beendet, wir waren wieder am Camp im Süden Mozambiques angelangt und die Jugendlichen begaben sich zurück in ihre Dörfer. Eine der jungen Frauen, Malonda, lud mich zu sich nach Hause ein. Während wir unterwegs waren, wanderten, kochten oder am Feuer saßen, hatten wir viel Zeit miteinander verbracht. Ich bekam das Gefühl, uns verband weitaus mehr als eine zweimonatige Volontär-Arbeit, wir waren uns trotz der grundlegend unterschiedlichen Sozialisationen sehr ähnlich. Auch sie hatte früh ihre Mutter verloren und als älteste Tochter die Rolle übernommen, welche das Leben ihr eben zuwies. Doch Malonda war mutig genug, um von dem drehenden Familienkarussell abzuspringen und ihr „Ich" von außen zu betrachten. Sie hatte unermüdlich gekämpft und aus dem Moment, aus den Augenblicken, aus ihrem Leben das gemacht, was möglich war. Malonda war auf dem besten Weg, sich den Geistern, die sie heimsuchten, entgegenzustellen und sich von ihnen zu befreien. Für sie war dieses Projekt zwischen Schulabschluss und Studienbeginn mehr als nur eine Verpflichtung ihren beiden älteren Brüdern gegenüber, die in Südafrika als Gastarbeiter hübsche, zweidimensionale Hausfassaden an den Autobahnen errichteten, damit die Touristen, welche 2010 zur Fußball-Weltmeisterschaft anreisen würden, die unschönen Flecken des Landes während der Fahrt nicht sehen mussten. Malonda hatte durch diese Arbeit eine Möglichkeit erhalten, als Frau die Welt außerhalb ihres Dorfes kennenzulernen und so vielleicht den richtigen Weg für sich zu finden. Wir fühlten uns verbunden und so sagte ich zu.

Mit meinem alten Fahrrad, welches während der letzten zwei Monate im Camp auf mich gewartet hatte, begab ich mich auf die Reise nach Facanhe, nahe des Chimanimani-National-Reserve. Da ich zu Beginn meiner Aus-zeit nicht wusste, wie ich die 4 Monate genau füllen wollte, hatte ich mich dazu entschlossen, mein altes Zweit-Fahrrad mitzunehmen. Es war ein

50-Euro-Schnäppchen vom Flohmarkt, nicht besonders gut ausgestattet, das Alter und die unzähligen Macken schmälerten den Wert ins Bodenlose und die Bequemlichkeit ließ zu wünschen übrig. Deshalb war ich mir damals sicher, dass sich in Afrika niemand zu sehr dafür interessieren würde und es mir abhandenkommen könnte. Unwissend, dass ein Fahrrad mit mehr als einem Gang, funktionierenden Bremsen und einem echten Sattel in Mozambique bereits einer Sensation glich. So schnürte ich also mein überschaubares Gepäck daran fest und fuhr auf der Küstenstraße Richtung Norden. Ich hatte mich bewusst dazu entschieden, diese gut 400 km mit dem Fahrrad auf einem anderen Weg als vorher mit dem Truck zurückzulegen, da ich auch die Küstenregion Mozambiques kennenlernen wollte. Zudem hatte man mir erzählt, dass es in den größeren Dörfern am Strand tatsächlich einfache Backpacker-Unterkünfte geben solle.

Ich radelte los, die salzige Luft wehte um meine Nase und ich fühlte mich leicht. Die Landschaft an der Küste war ein wenig anders als im Landesinneren. Papaya, Ananas und Kokosnüsse wuchsen fast von alleine, große Plantagen mit Ölpalmen, Zitrusfrüchten, Baumwolle, Tee, Zuckerrohr oder Cashewnüssen prägten das Bild. Zudem hatten sich an bestimmten Knotenpunkten lokale Märkte manifestiert, wo nicht nur Autoreifen, Sisalkörbe, Schuhe, Tabak, Holzkohle und Macheten zu erstehen waren, sondern ebenso Fleisch, Gemüse, Jungpflanzen und Obst sowie amerikanische Softgetränke feilgeboten wurden. Auch wenn ich kein Freund von Cola war, hangelte ich mich von Softdrink-Bude zu Softdrink-Bude, dankbar für jeden Schluck Abwechslung vom gefilterten Wasser.

Aus den Dörfern wurden allmählich Kleinstädte, die ein wenig moderner wirkten, die Straßen waren etwas besser ausgebaut und den Menschen boten sich mehr Möglichkeiten. Dennoch trugen die Kinder oftmals nur Fetzen am Leib oder T-Shirts aus deutschen Altkleider-Containern mit obszönen Bildern und der Aufschrift „Dat muss kesseln!". Einsame Stromkabel ließen erahnen, dass es hier und da zumindest einen einzelnen Fernseher geben musste. Für Backpacker fanden sich tatsächlich auch ein paar sehr einfache

Unterkünfte mit Robinson-Crusoe-Ambiente, die zwar nicht über fließendes Wasser oder Strom verfügten, aber eine sichere Übernachtungsmöglichkeit darstellten. Sie lagen verstreut am Strand, meist nur durch einen schmalen Weg zugängig, dafür aber mit einem atemberaubenden Ausblick über das Meer.

Ich genoss es, jeden Tag vom Rauschen der Wellen geweckt zu werden und mit Blick auf das rege Treiben am Strand loszuradeln. Denn frühmorgens kehrten die Fischer in ihren farbenfrohen Booten von den nächtlichen Angeltouren zurück. Ihre Frauen, gut geschnürt mit Säuglingen und Schirmen, erwarteten sie bereits und legten den Fang in große Sisalkörbe.
Auf dem Kopf balancierend schlenderten sie durch den noch kühlen Sand Richtung Markt, um die Fische für einige Meticas feilzubieten. Zahlreiche Kinder vertrieben sich die Zeit vor der Schule und schufen mit Ästen, die das Meer jeden Morgen ausspuckte, kleine Kunstwerke. Der weiße Sand stand im Kontrast zu der dunklen Haut der Spielenden und die bunten Kleider der Frauen gaben sich ein Stelldichein mit der blauen Weite des Himmels.

An einem Abend wurde ich in Vilanculos zu einem Gottesdienst geladen. Mir schwante sofort, dass das Problem leerer Gotteshäuser in Mozambique ein unbekanntes war, denn das Haus platzte aus allen Nähten. Der begeisterte „Pfarrer" stellte die Frau aus Deutschland, die mit dem Fahrrad durch Mozambique fuhr, vor. Mehr als 500 dunkle Augenpaare starrten mich an und zeugten davon, wie unbegreiflich meine Reise für sie wirkte. Hier verließen die Menschen ihre Dörfer nur um Verwandte zu besuchen, um zum Arzt zu gehen oder auf dem Markt einzukaufen. Mit einem Mal fühlte ich mich unwohl, umringt von Menschen, deren Armut erschütternd war und die tagtäglich ums Überleben kämpften. In meinen Augen musste ich den Einheimischen ihre rückständige Situation wahrscheinlich durch meine bloße Anwesenheit verdeutlichen. Ich kam mir schuldig und überheblich vor mit meiner Freiheit, gleichzeitig war ich aber auch unfähig, zu gehen. Die Zeremonie wurde in einer mir unbekannten Sprache abgehalten, der „Pfarrer" gestikulierte wild und eröffnete in regelmäßigen Abständen Gesang und Tanz. Ein stimmungsvolles und lebenslustiges Gefühl breitete sich aus. Am Ende führte mich der „Pfarrer" zum Ausgang und blieb mit mir direkt an der Tür stehen. Plötzlich herrschte ein buntes Gedränge, denn alle Anwesenden wollten mir die Hand schütteln, unzählige spontane Segenswünsche ereilten mich, einige zeigten auf ihr etwa 100 Jahre altes Mobiltelefon und baten so um Erlaubnis für ein gemeinsames Foto. Es war einfach unvorstellbar, tiefgreifend, verwirrend und zugleich friedlich und hoffnungsstimmend.

Ich sog die unbekannten Eindrücke in mich ein, ließ mich einfach treiben und gestaltete meine Planungen ganz nach einheimischer Art „relax, you are in africa". Manchmal betrachtete ich die Fotos, welche ich bereits geschossen hatte und ließ die Erlebnisse Revue passieren. Oder ich machte mir Notizen über florale Experimente, die ich unbedingt zuhause umsetzen wollte. Langsam rieselte Sand ins Getriebe meiner Gedankenmaschine und es fühlte sich sehr gut an.

# 5

Dann zollten die Straßen ihren Tribut. Immer wieder hatte ich abends mein Fahrrad einer ausgiebigen Pflege unterzogen und war damit beschäftigt, Lager, Kette und Zahnräder von der Patina aus Staub, Schlamm und Sand zu befreien. Aber leider half mein Einsatz nur bedingt. Denn irgendwo zwischen Vilanculos und Inhassoro löst sich das Lager des rechten Pedals einfach auf und zerfiel in seine Einzelteile. Weit und breit nichts anderes als Busch. Doch auf die Menschen schien Verlass zu sein, denn ehe ich mich versah, saß ich auf der Ladefläche eines alten Pick-ups zwischen Arbeitern, die von den Plantagen nach Hause befördert wurden, mein Fahrrad fachmännisch an der Außenseite der Heckklappe mit zwei Seilen von der Dicke einer Zahnseide befestigt. Beim nächsten Markt hielten wir an, die Menschen waren fast dankbar für die überraschende Abwechslung und aus irgendeiner Ecke, zwischen Eisenwaren und bunten Plastikschüsseln, wurde ein Fahrrad herbeigeschafft. Man erklärte mir, es stamme aus DDR-Zeiten und war damals eines der tausend Weihnachtsgeschenke für Bedürftige. Wie es der Zufall wollte, passte die Pedale des Oldtimers genau zu meinem Flohmarkt-Drahtesel. Kopfschüttelnd stimmte ich in das Lachen ein.

Für mich war es nur schwer vorstellbar, aber trotz Korruption, Armut und Naturkatastrophen konnten die Menschen ihr Leben dennoch als bunt und schön betrachten. Und sie zeigten das auch, mit ihrer echten Herzlichkeit, ihrem fröhlichen Lachen und ihren kecken Bemerkungen. Es war, als ob das Feuerwerk an Farben in ihren Tüchern, an ihren Booten und auf ihren Märkten der Versuch war, den harten Alltag mit einem bunten Anstrich zu versehen. So, als würden sich die Menschen durch die Farben mit Optimismus wappnen und sich selbst für all ihre bisherigen Meilensteine belohnen.

Die Fahrt ging weiter, doch kurz vor Nova Sofala war mein gesamter Wasservorrat aufgebraucht. Ich klopfte an einer der Softdrink-Buden und vor mir erschien ein älterer Herr. Fast erschrocken offenbarte er mir sein fast zahnloses Gebiss. Allem Anschein nach kam es bis zu diesem Zeitpunkt noch nicht so häufig vor, dass eine weiße Fahrradfahrerin sich hierher in sein kleines mozambiquanisches Häuschen verirrte und nach Wasser fragte. Nachdem wir uns beide von dem ersten Schrecken erholt hatten, nahm ich den mir angebotenen Eimer dankend entgegen. Mein Kopf pochte wie eine tickende Bombe kurz vor der Detonation. Ohne Filtration trank ich von dem Wasser, nur um direkt noch zwei Dosen Cola nachzuschütten. Ich hatte den Verbrauch an persönlichem Kühlwasser bei den steigenden Temperaturen der aufkommenden Trockenzeit komplett unterschätzt. Glücklicherweise rächte sich meine unüberlegte, ungefilterte Kurzschlussreaktion nicht und nach einer Pause verabschiedeten der nette Mann sowie seine amüsierten Nachbarn mich mit unzähligen Gebeten.

Das letzte Stück zwischen der Küste und der Grenze zu Simbabwe führte mich wieder landeinwärts. Diese „Randzone" zwischen Meer, Busch und den Ausläufern des Rift Valley war besonders reizvoll, da sie sowohl Flora als auch Fauna aller geographischen Teile beinhaltete und als besonders endemisches Gebiet galt. Hier gaben sich gigantische Baumriesen, die gen Himmel drängten, seltene Baum- und Palmfarne, blütenreiche Berghibiskus, ursprüngliche Miombowälder, Zedern- und Gelbholzalleen sowie Teeplantagen ein Stelldichein. Dahinter schlossen beeindruckende, kaum zugängliche Regionen mit Erhebungen an. Hin und wieder sah ich seltene, scheue Wildtiere wie Klippspringer oder Rappenantilopen den Weg kreuzen und die Lüfte wurden von wilden Raubvögeln dominiert. Ein echtes Highlight war die Überquerung der durch die Regenzeit angeschwollenen Bäche mit einem traditionellen Boot aus abgezogenen Rinden mächtiger Urwaldriesen. Nachts lag eine nicht greifbare Magie über diesem Teil des Landes, die Sterne waren so zahlreich wie kaum an einem anderen Ort, die staubige, aufgeheizte Luft verwandelte sich in eine wohltuende, kühle Brise und die Dunkelheit lies die Geräusche des Buschlandes noch eindrucksvoller wirken.

Schließlich erreichte ich Facanhe am Rande des Nationalparks Chimanimani, ein kleines Dorf umgeben von Waldsavanne an den Hängen der umliegenden Bergplateaus. Die Gegend war ausschließlich zu Fuß oder mit dem Fahrrad zu erschließen, da befestigte Wege gänzlich fehlten. Typische Savannentiere wie Löwen, Geparden oder Elefanten lebten damals zwar nicht dort, doch die Vegetation war unglaublich vielfältig. Gelbfieberbäume, Krokodilbäume oder Ko-  rallenbäume spendeten Schatten und bereiteten Gla- diolen, Pfauenblumen, Lilien oder Pfeifenblumen den passenden Lebensraum. Dank vieler Bemühungen siedelten sich auch durch Bürgerkrieg und Wilderei verloren gegangene Großtierwildbestände wieder an, sodass Zebras, Gnus, Antilopen oder Büffel das Bild um Chimanimani prägen. Besonders beeindruckend fand ich die Flughunde. Einmal jährlich versammelten sich Millionen dieser Tiere in der Region und besiedelten die Bäume und Höhlen. Jeden Abend, wenn sich die Sonne ver- abschiedete und die Flugshow begann, blickte ich ehrfürchtig nach oben. Der Mond wirkte verloren, fast so, als hätte jemand vergessen, ihn abzuholen, da in diesen Nächten der Himmel einzig und allein den Flughunden bestimmt war. Diese friedliche Atmosphäre war einzigartig.

Noch bevor ich das Dorf Facanhe erreichte, wusste jeder über meine nahende Ankunft Bescheid. Ich war mit meinem Fahrrad in dieser Gegend einfach zu exotisch. Und so verbreitete sich die Neuigkeit wie ein Lauffeuer von Kind zu Kind und von Dorf zu Dorf. Malonda empfing mich herzlich und mit ihr standen alle Kopf. Jedes Kind wollte einmal auf meinem Fahrrad sitzen, einen Blick in meinen Rucksack werfen, an meiner Hand gehen oder ein Foto mit mir machen. Ich bin mir nicht ganz sicher, aber es dauerte mit Sicherheit nahezu drei Stunden bis ich vom Dorfeingang bis zu Malondas Hütte gelangt war.

Malondas Familie freute sich, dass ich sie besuchte. In ihrem Dorf waren sie die Könige, da ihnen die Ehre zuteilwurde, mich beherbergen zu dürfen. Mal- ondas Vater erklärte mir, dass mir aus diesem Grund auch nichts passieren würde oder meine Habseligkeiten verschwinden könnten. Und so schlug ich beruhigt mein Zelt neben ihrer Hütte auf und lehnte mein Fahrrad an einen Baum.

Ich plante eine ganze Woche im Dorf mit Malonda, ihrem Vater und ihrer jüngeren Schwester. Malondas Vater arbeitete als Wildhüter im Chimanimani-Park und verdiente sein Geld damit, die Gegend so zu gestalten, dass ein Transfrontier-Park entstehen kann. Seine Aufgabe war es, Pfade zwischen kleinen, unscheinbaren Höhlen in canyonartigen Tälern, wilden Gebirgsbächen, dem Skeleton Pass sowie dem atemberaubenden Monte Binga begehbar zu machen, einheimische Bäume in den entminten Arealen wieder anzupflanzen, Schutzhütten für Wanderer zu errichten und Beschilderungen anzubringen. Er liebte diese Arbeit, bei der er täglich in einen intensiven Dialog mit der Natur seines Landes ging und daraus Energie, Lebensfreude und Zuversicht schöpfen konnte. Im Rahmen einer gemeinsamen Wanderung durch den Nationalpark verstand ich, was er mir sagen wollte. Die Natur, ob wild oder gezähmt, gibt uns die Liebe zurück, die wir schenken.

Eines Abends erzählte mir Malondas Vater in bestem Deutsch, dass er meine Heimat kenne, denn in seiner späten Jugend hatte er für einige Jahre in der DDR gelebt und beim FC Magdeburg Fußball gespielt. Einmal durfte er sogar gemeinsam mit Martin Hoffmann trainieren. Seine Augen leuchteten, während die Erinnerungen wieder lebendig wurden. Unzählige Geschichten von Fußball und Frauen, von Ruhm und Ehre, von Heimweh und Fernsucht erwachten zum Leben. Es war lustig, rührend, traurig und amüsant zugleich, auch wenn ich noch nie in meinem Leben etwas von seinen ehemaligen, weltweit bekannten Teamkollegen gehört hatte und mir auch nicht vorstellen konnte, wie dieser bescheidene, achtsame und ruhige Mann in Magdeburg als Aufreißer abends um die Häuser gezogen war. Ich denke, er wollte einfach nur dem Bild des starken und wilden afrikanischen Mannes gerecht werden und seine Ehre bewahren.

Malondas Schwester Zinahe war 14 Jahre und seit 2 Jahren an das Dorf gebunden, denn sie war eines der 10.000 Minenopfer in Mozambique. Ihr rechter Unterschenkel fehlte und sie bewegte sich mithilfe einer rudimentären Prothese und einer Unterarmgehstütze. Noch vor ihrer Geburt wurden während des Bürgerkrieges Millionen Landminen vergraben. Zur Zeit der großen Überschwemmung im Jahr 2000 beförderten die Wassermassen sämtliche Minen an die Oberfläche und verteilten diese im gesamten Land. Südafrika war bemüht, mithilfe von domestizierten Ratten diese verstreuten Landminen aufzuspüren und zu entschärfen. Doch leider steckten die Säuberungsmaßnahmen noch in den Kinderschuhen, sodass es fast täglich überall in Mozambique zu Minenunfällen kam. In den meisten Fällen waren Mädchen und Frauen davon betroffen, wenn sie durch den unwegsamen Busch wanderten, um Wasser für die Familien zu holen. So erging es auch Zinahe, die bis dahin ein für sie normales Leben geführt hatte. Doch wie viele andere Dörfer auch verfügte Facanhe aber nur über eine einzige Schule, welche den Kindern eine 4-jährige Grundbildung zukommen ließ. Um wie Malonda einen höheren Bildungsabschluss zu erlangen, war für Zinahe einerseits die Zustimmung der Familie notwendig und andererseits ein Fußweg von 12 Kilometern in das nächstgrößere Dorf zu überwinden. Doch Zinahes Vater sorgte sich, dass ihr erneut etwas zustoßen könne und sein Wort galt in dieser Kultur als Gesetz. Das Leben in Armut war ihr so vorbestimmt.

Da Malondas Schwester nach dem Unfall die weiterführende Schule nicht mehr besuchen konnte, wurde ihr von den Dorfältesten eine neue Aufgabe zugeteilt und sie fand sich im Garten zwischen skeptischen Großmüttern wieder. Doch Zinahes unverschulter Blick öffnete ihr eine Welt, die sie mit ihrem jugendlichen Überschwang ohne große Vorüberlegungen einfach beschritt. Ihr Improvisationstalent und ihre Neugier machten die fehlende körperliche Kraft wett, sie erlaubte sich zu scheitern, nur um im darauffolgenden Jahr aus den Fehlern zu lernen. Außerdem besaß Zinahe die Fähigkeit, Altbewährtes zu integrieren und gleichzeitig die Lebensrhythmen der Natur nicht außer Acht zu lassen, sodass der Gemüsegarten mehr als ein Nebenschauplatz im Dorf wurde. Ihre gesamte Familie konnte durch die kluge Anbauplanung mit Hirse, Bohnen, Zucchini, Kürbis, Zwiebeln, Karotten, Mais, Kartoffeln, Rote Bete, Tomaten und Lauch versorgt werden. Auch verschiedenste Kräuter gediehen in dem Garten und wurden zur Linderung bei Krankheit oder Verletzung eingesetzt. Die umliegenden Mango-, Cashew- und Zitrusbäume spendeten besonders während der Mittagsstunden wohltuenden Schatten und lieferten außerdem vitaminreiche Zugaben für die meist vegetarischen Mahlzeiten. Das lebendige Wachstum in einer fast lebensfeindlichen Umgebung war Freude pur, auch für die älteren Dorfbewohner.

Zinahe kümmerte sich um den Gemüsegarten der Familie. Sie hegte und pflegte die Pflanzen mit einer Liebe, die Ihresgleichen sucht. Ich erfuhr von ihr, dass durch die Überschwemmungen der eigentliche Boden nicht sonderlich fruchtbar war, da die Bewegung von nasser Erde immer mit der Zerstörung der Bodenstruktur und dem Absterben der Bodenorganismen einhergeht. Aus diesem Grund pflanzten die Menschen in Mozambique vorrangig in aufgeschichteten Hügelbeeten an. Mir war nicht klar, was auf so eingeschränktem Raum und mit so bemessenen Voraussetzungen alles produziert werden konnte, doch Zinahe belehrte mich eines Besseren. Denn der Gemüsegarten war ein Ort, der zugleich ihren Körper und ihre Seele nährte.

Die elementaren Erfahrungen im Garten belebten Zinahe, sodass sie trotz ihres Schicksals eine Zufriedenheit ausstrahlte, wie man sie nur selten spürt. Sie sagte mir, dass sie glücklich sei, denn ihre Familie wäre gesund, das Gemüse wächst und auch die Natur sei ihnen dieses Jahr wohlgesonnen. Ihrer Meinung nach müsse man eben das Beste aus den Bedingungen machen, die gerade gegeben sind und ein bisschen Kreativität, Geduld und Loslassen helfe dabei immer.

Die Zeit in Facanhe verging wie im Flug. Ich war beschäftigt mit Wandern, Menschen kennenlernen, Wasser holen, Gemüsegarten pflegen und kochen. Es fühlte sich an, als ob meine innere Taktung wieder ihren Rhythmus gefunden hatte.

Doch nach sechs Tagen überkam mich beim Wasserholen plötzlich ein flaues Gefühl, sodass ich mich mitten im Chimanimani-Nationalpark übergab.

Innerhalb von Minuten wurde ich immer schwächer, meine Wangen fühlten sich glühend heiß an, pochende Kopfschmerzen kamen hinzu und ich schaffte es nur mit Malondas Hilfe zum Dorf zurück. Ich legte mich in mein Zelt, um mich auszuruhen. Malonda, ihr Vater und Zinahe kamen und diagnostizierten einstimmig, dass es sich um „Malungokonga" handelte. Im 5-Minuten-Takt übergab ich mich, meine Kräfte schwanden und ich verlor immer wieder das Bewusstsein. Irgendwann erwachte ich, Dunkelheit hatte sich bereits über das Land gelegt. Ich hatte hohes Fieber und dennoch fror ich, sodass ich den Reißverschluss meines Schlafsackes bis zum Kinn hochzog. Malonda und Zinahe saßen neben mir, ihre Gesichter waren nur schemenhaft in der schwarzen Nacht zu erkennen. Sie gaben mir „Chisotirere" und sagten, es würde mir helfen. Das Getränk schmeckte so fürchterlich, dass mir nicht klar war, ob ich mich gleich wieder aufgrund von „Malungokonga" oder wegen der Kräutermedizin aus dem Garten übergeben sollte. Doch ich trank es und legte mich wieder hin. Draußen durchschnitt das Kichern der Hyänen die Stille, wahrscheinlich waren sie auf der Suche nach Beute. „Come and kill me" dachte ich, nur um mir dann die Frage zu stellen, ob mozambiquanische Hyänen überhaupt englisch verstehen. In dieser Nacht schlief ich einen unruhigen Schlaf, der immer wieder unterbrochen wurde, wenn mein Fieber sank oder stieg. Delirartig trank ich dann etwas von der Medizin, nur um im nächsten Augenblick weiter zu schlafen.

Nach fünf Tagen war „Malungokonga" so schnell wieder verschwunden, wie es sich angebahnt hatte. Zwar fühlte ich mich noch ein wenig mitgenommen, doch das traditionelle Nationalgericht, welches Zinahe und Malonda für mich mit Zutaten aus dem Gemüsegarten zauberten, verlieh mir wieder neue Kräfte. Bis heute ist mir nicht klar, worum es sich

bei „Malungokonga" handelte, noch welches Kraut sich hinter „Chisotirere" verbarg. Doch ich weiß mit absoluter Gewissheit, dass ich ohne Malonda und Zinahe mitten im mozambiquanischen Busch wahrscheinlich wirklich Hyänenfutter geworden wäre.

Frisch genesen verbrachte ich noch weitere vier intensive Tage bei der Familie und erlebte sehr viel Herzenswärme und Freude. Dann nahte der Abschied. Die Zeit war gefüllt mit Wärme, Offenheit und Nähe, sodass ich es nicht über mein Herz brachte, mich einfach umzudrehen und zu gehen. Und so bastelte ich aus Sisal zwei Schlaufen an die Pedale meines Fahrrades, schraubte den Sattel niedriger und übergab es an Zinahe, damit sie so die 12 Kilometer bis zur Schule zurücklegen konnte. Es ist erwiesen, dass Bildung einer der sichersten Wege aus der Armut ist, denn Mädchen mit Schulabschluss können ihren Lebensunterhalt selbst verdienen, sind seltener Zwangsehen ausgesetzt, bestimmen die Familienplanung mit, infizieren sich weniger mit HIV und ziehen gesündere Kinder groß. Zinahe sollte nicht eine Geisel der Armut bleiben, wenn ich vielleicht die Lösung in den Händen hielt. Die älteren Dorfbewohner starrten mich ungläubig an, wie einen Schneemann im Sommer. Auch Malondas Vater stockte der Atem, dann huschte ein kaum merkliches Lächeln über sein Gesicht. Ich glaube, in diesem Moment war er froh, dass jemand das Tabu brach, die traditionelle Randordnung, welche tausende junge Afrikaner in Fesseln legte, einfach ignorierte und sich hinwegsetzte über Patriarchat und Heteronomie.

Zinahe stieg wortlos auf das Fahrrad und ich hielt den Sattel fest. Ich erklärte ihr, dass sie ihren Fuß und ihre Prothese in die Pedalschlaufen stecken müsse, um sowohl beim Hochziehen als auch beim Hinunterdrücken der Pedale so viel Kraft wie möglich aus den Beinen zu übertragen. Angespornt von unzähligen jubelnden und kreischenden Kindern startete sie – mit Unsicherheit und wackeligem Lenken. Doch sie startete und hörte nicht mehr auf zu treten. Ich lief noch einige Meter mit, dann ließ ich den Sattel los und sie fuhr fort. Sie ließ die gesprengten Ketten hinter sich. Letztlich werden wir nie bereit sein, bevor wir es sind.

Nach 1,5 Stunden tauchten ihre Umrisse am Horizont wieder auf. Zinahes Gesicht war übersät mit kleinen verkrusteten Schlammspritzern, sie war ganz außer Atem, ein Regentropfen perlte von ihrer Nasenspitze ab und fand zur Natur zurück. Der Weg zur Schule wäre ein Leichtes, meinte sie nur und ihr stolzes Lächeln rahmte das Gesicht. Damit machte Zinahe für alle umstehenden Dorfbewohner unmissverständlich klar, dass sie von nun an die weiterführende Schule besuchen werde. Die Kinder sprangen jauchzend umher, für sie war es ein Sieg der jungen Generation über längst verstaubte Konventionen.

# 6

Ich umarmte Malonda und wünschte ihr weiterhin die Stärke und den Mut, neue Pfade zu beschreiten und dadurch die vielen Möglichkeiten zu entdecken, die das Leben bereithält. Ich bedankte mich, dass sie eine kurze Zeit meinen Weg begleitet und bereichert hatte. Jetzt führte sie ihre Reise erst einmal an die Zambezi-Universität in Beira.

Da ich nun ohne Fahrrad war, würde ich nun mit den öffentlichen Verkehrsmitteln gen Süden reisen und dann nach Hause fliegen. Gemeinsam mit Malonda und ihrem Vater ließen wir das Dorf hinter uns und gingen eine ganze Weile nebeneinander her, redeten und lachten, bis wir nach 3 Stunden einen Busplatz erreicht hatten. Beim Abschied scherzte Malondas Vater, dass ich nun ja ausreichend Zeit hätte, mich ausführlich mit der Fußballwelt zu befassen.

Doch der Busplatz blieb zunächst leer. Nach einer ganzen Packung Kekse aus einer Softdrink-Bude war noch immer nichts passiert, also aß ich auch die zweite. Geduld sei ja die Tugend der Weisen – in meinem Fall ebenso der Hungrigen. Dann kam der erste Bus des Tages, hier im Busch eine Attraktion, und wie sich herausstellte auch die Fahrweise. Denn die nur etwa 2-stündige Fahrt bis an die Küste glich einem Ritt in der schrägsten Achterbahn der Welt. Der Zeiger der Geschwindigkeitsanzeige des Busses hatte es sich bei 40 km/h gemütlich gemacht, der Schalthebel wirkte wie ein außer Kontrolle geratener Mixerstab, in der Frontscheibe war ein ballgroßes Loch zu erkennen. Der Fahrer umklammerte das Lenkrad, Schweiß perlte von seiner Stirn und rann in kleinen Flüssen den Hals hinab. Der Abstand zu den vor ihm fahrenden Autos betrug selten mehr als eine Stoßstangenlänge, in die scheibenlosen Seitenfenster krachte hin und wieder ein armdicker Ast, der versehentlich beim Vorbeifahren vom Bus abgetrennt wurde und beim Überholen war ein Touchieren manchmal inbegriffen. Heilfroh, unverletzt in

Beira angekommen zu sein, stieg ich in einen Kleinbus um, der entlang der Küste bis Maputo fahren sollte.

Meine Platznachbarin dort entpuppte sich als lebenslustige, aufgeweckte und redselige Frau, die Gefallen an mir gefunden hatte und mir innerhalb weniger Minuten ihre gesamte Lebensgeschichte erzählte. Schon bald versammelte sich ein Pulk um uns herum und ich fand mich in einem Bus-Picknick wieder. Jeder packte seine Lebensmittel aus, über einem kleinen Camping-Gaskocher wurde zwischen den löcherigen Sitzen einiges davon erwärmt und im Handumdrehen hatte jeder einen Teller voll bunter Köstlichkeiten in seiner Hand. Dazu gab es den neuesten Tratsch und Klatsch. Es war herrlich.

In Maputo musste ich zunächst die Fähre nehmen, um jenseits des Rio Matola einen Überlandbus nach Johannesburg zu ergattern. Die Überfahrt glich dem Versuch, die Maximalkapazität der Fähre auszuloten und dementsprechend wurden die Menschen mit einem beherzten Winken zum Eintritt aufgefordert. Denn jede Person, jeder Truck und jedes Huhn brachte Geld. Eingequetscht zwischen stillenden Frauen, schwitzenden Kindern und stinkenden Tierkäfigen stand ich auf der Plattform. Weitere Fahrgäste kamen an Bord, zwängten sich in die letzten Lücken und füllten die Sitzflächen auf den Motorhauben der Fahrzeuge. Als ich persönlich die Fähre für gänzlich voll befand, ließ man noch zwei weitere Kleinbusse auffahren. Die Fahrzeuge spuckten wiederum mehrere Dutzend Menschen aus und an Deck hätte definitiv keine Maus mehr Platz gefunden. Doch dann wurde die Zufahrtsrampe noch einmal für drei Trucks geöffnet, die Fahrzeuge bahnten sich einen Weg durch die schiebenden Menschen und ich war bewegungsunfähig eingeklemmt für die gesamte Überfahrt. Eine typische afrikanische Reise.

Es steht definitiv fest, dass ich nie wieder in meinem gesamten Leben in solch unglaublichen Fahrzeugen unterwegs war. Denn auch die letzte Etappe bis nach Johannesburg war nicht weniger abenteuerlich. An dem ersten Bus erkannte ich eine zerkratzte und damit für ungültig erklärte deutsche

TÜV-Plakette aus dem Jahre 1990. Zuversichtlich stieg ich dennoch zu, was blieb mir auch anderes übrig. Gegen eventuelle Langeweile gab es in hier sogar ein buntes Programm. Zuerst erklärte uns eine Wunderheilerin mit farbigen Perlen in ihren Rastazöpfen, dass ihre Salbe gegen alle Leiden helfe und sie ausschließlich heute zum Sonderpreis erhältlich sei. Ein christlicher Prediger löste sie beim nächsten Stop ab und zitierte fromme Sprüche aus der mitgebachten Bibel. Gegen eine freiwillige Spende konnte man die Zitate auch als kleinen Ausdruck mitnehmen. Kurz nach der südafrikanisch-mozambiquanischen Grenze stieg eine zierliche Dame mit arthritischen Fingern zu. Ihre Haare waren ein einziges Kunstwerk und fungierten zugleich als Werbung. Die mobile Friseurin zupfte auch mir die Haare zurecht und flocht mir eine unvorstellbar kuriose Frisur aus eng anliegenden Kreisen, Spiralen und Zickzack-Linien. Hätte ich gewusst, wie überaus praktisch dieses Bravurstück war, hätte ich mich wesentlich früher dazu entschlossen.

Die letzten Tage in unzähligen überfüllten Bussen vergingen wie im Flug, obwohl es an Platz genauso mangelte wie an frischer Luft. Mein Gepäck war so voll mit wunderschönen Erinnerungen an das Land und die Menschen. Die Bilder der Landschaften, welche an mir vorüberzogen, glichen einem Film, der aus meinen Eindrücken entsprang. Langsam zu reisen war die beste Art, um auch emotional abzuschließen und ein neues Kapitel für zuhause aufschlagen zu können.

# 1

Ich setzte mich wirklich an meinen Computer und suchte nach ehemaligen Spielern des FC Magdeburg. Einige Recherchen später fand ich sogar eine Telefonnummer für Autogrammanfragen. Ich wählte und die freundliche Stimme am anderen Ende fragte mich, von welchem Spieler ich denn eine Signatur möchte. Meine Antwort brachte die Frau zum Lachen und sie meinte, dass Martin Hoffmann keine Autogramme mehr geben kann. Ob er denn tot sei, wollte ich wissen. Nein, nur inaktiv, entgegnete die Autogrammbeauftrage des Vereins. Doch ich erhielt eine Adresse, unter der ich Martin Hoffmann kontaktieren konnte.

Ich schrieb einen Brief, erzählte in wenigen Sätzen von meiner Reise nach Mozambique und dem Treffen mit Malondas Vater. Ich erklärte Martin Hoffmann, dass er mit seiner herzlichen, unvoreingenommenen und witzigen Art dem Mozambiquaner gegenüber in positiver Erinnerung geblieben war. Nach einer Woche hielt ich ein Antwortschreiben in der Hand, gemeinsam mit einem persönlichen Brief an Malondas Vater. Es war verrückt und einfach unglaublich, wie klein die Welt doch manchmal ist. Da ich mir nicht sicher war, ob überhaupt jemals ein Brief bis in das Dorf Facanhe finden würde, sendete ich Hoffmanns Schreiben in einem Umschlag an Malonda, denn die Adresse ihrer Universität war einfach herauszufinden.

Mehr als drei Monate später erreichte mich ein Päckchen, das allem Anschein nach eine Reise um die gesamte Welt gemacht haben musste. Vorsichtig entnahm ich den Inhalt und blickte auf einen sehr berührenden Brief von Malonda, Zinahe und ihrem Vater. Malonda war ganz an der Universität angekommen, sie belegte verschiedene Kurse und hatte sich um ein Stipendium bemüht. Auch Zinahe wollte hoch hinaus, sie radelte jeden Tag zur Schule und hatte den versäumten Lernstoff der letzten 2 Jahre fast aufgeholt. Der Gemüsegarten war nun wieder in die Hände des Dorfes gefallen und sie arbeitete mit, wenn es ihre Zeit zuließ. Malondas Vater erzählte, dass der Nationalpark Chimanimani nächstes Jahr voraussichtlich für Touristen eröffnet werden würde und er sich freue, wenn ich dann mit ihm als Guide den Monte Binga besteige.

Dann purzelten mir einige in Papier gefaltete Samen entgegen. Ein kleines Dankeschön für die Mühe, schrieb Malonda. Damit könnte ich Gemüsepflanzen ziehen, um das traditionelle Nationalgericht Mozambiques nachzukochen und auch ein paar Samen der Chisotirere-Pflanze waren dabei, für den Fall, dass ich abseits jeglicher Tropenkrankheiten unter Magen-Darm-Beschwerden leiden würde. Ich war wirklich bewegt, denn plötzlich hielt ich etwas in der Hand, dass mir die Erinnerungen an Mozambique immer wieder lebendig vor Augen führen könnte.

Es gab nur ein kleines Problem: Ich besaß keinen Garten. Mein Nachbar pflegte die Angewohnheit, seinen 8 Quadratmeter großen Balkon jedes Jahr von Frühling bis Herbst in ein wahres Blütenmeer zu verzaubern. Also klingelte ich und lud ihn auf eine Tasse Tee ein. Dabei erzählte ich von den Samen und dem Projekt „Urban Gardening", welches in meinen Gedanken bereits gereift war. Es hatte schon soweit Gestalt angenommen, dass ich nach geeigneten Gefäßen Ausschau hielt und auch ein wenig Erde und Grünschnitt bei Gertrud und Siegfried für das kommende Frühjahr orderte. Doch weiter war ich nicht gekommen. Denn ich hatte Angst, dass die Samen bei mir vielleicht nie zu kräftigen und starken Pflänzchen wachsen würden, von denen ich ernten und neue Samen gewinnen könnte. Ich fürchtete, dass ich durch mein Unwissen vielleicht dieses kostbare Geschenk unwiderruflich zerstören könnte.

Mein Nachbar erklärte mir, dass vor über 4.000 Jahren, als die Menschen sesshaft wurden und allmählich Ackerbau betrieben, auch nicht immer die perfekte Ausgangslage herrschte. Einwanderer aus dem Mittelmeerraum und dem Balkan brachten neben ihren Behausungen und Tieren auch Samen der Pflanzen mit, welche ihre Familien ernährten. So wurde der durch Mangold,

Karotten, Sellerie und Kohl geprägte Speiseplan der europäischen Siedler dank der Völkerwanderungen um Linsen, Erbsen, Bohnen, Hirse oder Dinkel erweitert. Doch das Klima in Mitteleuropa unterschied sich deutlich von den Herkunftsregionen, ebenso auch die Standortbedingungen. Also begannen die Menschen jene Pflanzen, die einerseits besonders anpassungsfähig waren und andererseits auch gute Erträge lieferten, durch gezielte Selektion zu vermehren. So erhielten sie Saatgut, das durch natürliche und menschliche Auslese einfach perfekt war. Nach der Eroberung Amerikas bereicherten plötzlich auch Früchte wie Mais, Kartoffeln, Tomaten oder Kürbis die Küchen in Mitteleuropa und stellten die Gärtner vor neue Herausforderungen. Genau wie mich.

Meine Samen aus Mozambique waren also der Inbegriff für völkerübergreifenden Samentausch, welcher seit Jahrtausenden stattfindet. Meinen Vorschlag, vielleicht zumindest einige der Samen „zur Sicherheit" aufzubewahren, schlug mein Nachbar in den Wind. Samen gehören in die Erde, meinte er, damit die Keimfähigkeit erhalten bleibt. Außerdem gehen Anpassungsvorgänge nur vonstatten, wenn Pflanzen auch die Möglichkeit zur Entfaltung in unbekannter Umgebung haben und diese neuen vorherrschenden Umweltbedingungen in die DNA der nächsten Samen einschreiben können. In dem Päckchen zu bleiben, würde mit hoher Wahrscheinlichkeit zum vorzeitigen Ende meines „Urban-Gardening-Projektes" führen. Aufgrund fehlender Argumente gab ich nach und fügte mich dem Wissen, nichtsahnend, dass ich mich auf dem Weg zur Gärtnerin befand.

# 8

Im zeitigen Frühjahr, fast ein Jahr nachdem ich meine Reise nach Mozambique angetreten hatte, beschritt ich also das neue Terrain und gab die ersten afrikanischen Samen in die Erde. Die Fensterbank an der Südseite verwandelte sich in einen Kindergarten für Zucchini, Bohnen, Kürbis, Mais, Karotten, Rote Bete und Tomaten sowie Chisotirere.

Mein Enthusiasmus war für einige Kandidaten viel zu früh, wie sich herausstellte. Denn aufgrund des Wetters konnten die Zucchini-Pflanzen erst relativ spät auf den Balkon ausziehen, sodass sie schon überständig waren und meinen Fehler leicht verschnupft mit Wachstumsstockung und mäßiger Ernte quittierten. Doch der unvergleichliche Genuss machte alles wieder gut und der Samengewinnung stand auch nichts im Wege. Seitdem zog ich Zucchini erst ab April vor und freute mich jedes Jahr aufs Neue über wüchsige und robuste Pflanzen. Die ursprünglich angedachten Pflanzgefäße aus alten Nudelsieben, klobigen Mandarinenkisten, ausrangierten Flohmarktboxen und defekten Putzeimern sind sehr schnell großen Mörtelwannen mit Abzugslöchern, Kiesdrainage und Schichtaufbau gewichen, sodass weder Wind noch Sonne den Pflanzen etwas anhaben konnten und Raum zur Entfaltung war. Die großen Wannen eigneten sich auch, um neben den Zucchinipflanzen ebenso der Roten Bete einen Platz zuteilwerden zu lassen. Als Mischkulturpartner beschatteten die großen Zucchini-Blätter die jungen Bete-Pflanzen und schützten diese vor Austrocknung. Gleichzeitig unterdrückte die Rote Bete durch den anfangs fast flächendeckenden Bewuchs unerwünschte Beikräuter, welche sich durch den Wind sonst immer wieder angesiedelt hätten. Ich säte die Rote Bete sehr dicht und benutzte die Blätter wie die Mozambiquaner als frisches Grün in Salaten, im Pesto oder zu herzhaften Gerichten. Durch das Vereinzeln konnten die noch verbliebenen Bete-Triebe wachsen und nach dem Entfernen der Zucchinipflanzen im Herbst zu großen Knollen heranreifen. Eine Win-win-Situation – bis heute.

Die beiden Kürbispflanzen hatten sich, wie sollte es auch anders sein, im ersten Jahr verkreuzt. Ich lernte also, dass Kürbisse derselben Art nur mit ausreichend Abstand gezogen werden dürfen, da bestäubende Insekten keine Unterschiede kennen. Verkreuzungen, die Bestäubung einer Kürbisblüte mit Pollen einer anderen Kürbisart führten zum Anstieg der Cucurbitacine – mit der Folge, dass die Früchte bitter schmeckten und giftig waren. Ich brachte die wohlgeformten, doch ungenießbaren Kürbisse im Herbst zum nahegelegenen Kindergarten. Als ich zwei Wochen später dort vorbeiradelte, grinsten mir fünf schaurig-schöne Kürbisfratzen entgegen – eine gute Verwertung fand ich. Für das Folgejahr überlegte ich mir, nachdem ich den einzigen nicht bitteren Kürbis gegessen und mir die Samen davon gesichert hatte, einen Plan. Ich verfügte nicht über ausreichend Platz, um alles weit voneinander entfernt zu pflanzen. Und so band ich jeweils eine fast reife weibliche Blüte der Kürbispflanze zu, um sie zum geeigneten Zeitpunkt mit einer männlichen Blüte von Hand zu bestäuben. Danach band ich die weibliche Blüte erneut zu – der Erfolg konnte sich durchaus sehen lassen. Während meiner „Urban-Gardening-Jahre" war das State-of-the-art, später suchte ich im Garten einfach weit voneinander entfernte Beete, die Kürbisse und auch Zucchini getrennt erobern durften. Am besten funktionierte das hinter verschiedenen Trockensteinmauern, da das Areal scheinbar in einen anderen Bienen-Hoheitsbereich fiel als der übrige Beetbereich.

Wenn es einen Wettbewerb für besonders reich tragende Tomatenpflanzen auf kleinen Balkonen gegeben hätte, dann wäre ich damals wahrscheinlich unter den Top Ten gewesen. Die Pflanzen wuchsen und gediehen, vielleicht weil ihnen die warme und geschützte Lage zusagte oder weil sie von mir reichlich mit Kompost verwöhnt wurden. Schon kurze Zeit nach der Blüte bogen sich die Triebe unter der ächzenden Last unzähliger dunkelroter Früchte. Doch das Gießen von Tomatenpflanzen, welche auf einem Südbalkon gediehen, erwies sich als wahre Sisyphusarbeit. Erst als ich die Oberfläche zu mulchen begann, wurde es ruhiger. Der Rasenschnitt hielt das Wasser besser in der Erde und schützte vor austrocknender Sonneneinstrahlung. Zudem blieb die Temperatur der Erde konstanter, weil weder nächtliche Temperaturstürze noch kalte Winde direkt angreifen konnten.

Nach und nach begann ich, die Behältnisse der Tomatenpflanzen auch mit einer Vor- und einer Nachkultur zu belegen. Ich hatte im ersten Jahr die Erfahrung gemacht, dass es den Möhren im Sommer auf meinem Balkon viel zu warm war und die Samen nicht keimen wollten. Doch im Frühjahr wuchsen die schönsten Rüben. Also mischte ich im Folgejahr die Samen mit feuchtem Sand, säte die Mischung schon im März in die Tomatenkübel aus und bedeckte sie mit einem Vlies. Bis zum Einzug der Tomaten erntete ich saftige und aromatische Karotten, welche einen gut durchlüfteten Boden für die nächsten Pflanzen hinterließen. Als Nachkultur hatten sich Ringelblumen und Kapuzinerkresse bewährt. Die Samen kamen erst Ende Juni in die Erde, sodass sie den unteren Kübelbereich für sich beanspruchen konnten, während die Blätter der Tomatenpflanzen dann nur noch im oberen Bereich standen. Außerdem erhielt ich so besonders luftige Erde für den Knoblauch, der im Herbst einzog.

Auch die Bohnen eroberten flugs das Balkongeländer und warfen lichten Schatten auf die Tröge ohne dabei eine Lichtkonkurrenz für die Pflanzen selbst darzustellen. Denn besonders bei Südbalkonen ist die Sonneneinstrahlung in den Sommermonaten nicht zu unterschätzen. Austrocknung der Erde, Sonnenbrand an den Blättern und auch Hitzestress bei den Wurzeln können die Folge sein. Die Pflanzgefäße belegte ich zudem auch mit ein paar Erdbeeren, ein Experiment, welches reife Früchte trug. Bohnenranken und Erdbeer-Ableger wuchsen schon bald um die Wette und es schien, als wenn sich auch die Blüten in ihrer Farbenpracht gegenseitig übertrumpfen wollten, nur um dann im Hochsommer ein Stelldichein aus Schoten und Beeren zu geben.

Doch ich musste auch lernen, dass Fruchtreife und Samenreife nicht dasselbe ist und Bohnensamen, im Gegensatz zu Nachtschattengewächsen wie Zucchini, Kürbis oder Tomaten, erst dann reif und somit auch verwertbar sind, wenn die Schoten trocken und dörr sind, also lange nach der Fruchtreife. Dafür erfuhr ich, dass es nicht notwendig war, Bohnensamen nass zu gären, einfaches Trocknen und Aufbewahren genügte. Im Laufe der Jahre eroberten

Bohnen nicht nur meine Balkongeländer, die Pflanzen eigneten sich zudem als optische Aufwertung für den Komposter, waren ideal für temporäre Tipis und auch über dem Sandkasten boten sie als einjährige „Pergola" wunderbar Sonnenschutz.

Schon von Siegfried und Gertrud wusste ich, dass Mischkultur und auch Kulturfolge eine nicht unwesentliche Rolle spielen, besonders dann, wenn auf engem Raum wie Balkon, Terrasse oder Hochbeet gegärtnert wird. Mischkultur bedeutet, dass man Pflanzen aus derselben Familie im Beet nicht nebeneinandersetzen sollte, Kulturfolge heißt, diese auch nicht direkt hintereinander anzubauen, da die Pflanzen ähnliche Bedürfnisse im Hinblick auf Nährstoffe, Wasser und Sonnenlicht haben und auch von denselben Schädlingen oder Krankheiten heimgesucht werden können. Zudem sollten Nährstoff-, Licht- und Wasservorlieben beachtet werden, damit Starkzehrer, Mittelzehrer und Schwachzehrer, Sonnenkinder und Halbschattengewächse sowie trockenheitsliebende und durstige Pflanzen nicht vermischt werden. Die Trennung in kleine Gruppen erleichterte mir die Pflege daher ungemein.

Nur mit Mischkultur und Kulturfolge lässt sich der Platz optimal nutzen und eine gute Ernte einfahren bei gleichzeitig gesunden Pflanzen und geringerer Arbeit. Mithilfe des Mischkultur-Prinzips können nicht nur Ressourcen effizienter eingesetzt werden, auch die Widerstandskraft der einzelnen Pflanzen wird unterstützt (beispielsweise durch Ausscheidungen sekundärer Pflanzenstoffe oder Wechselwirkungen mit Mikroorganismen). Ein vielfältiges Beet, sei es noch so klein, kann Krisenzeiten wie Hitze, Dauerregen, Stürme, Krankheitserreger oder Schädlinge und auch zu fleißige Erntehelfer aus der Tierwelt besser überstehen. Eine sorgfältig durchdachte Mischkultur, ob auf dem Acker, im Kleingarten oder dem Balkon, hat zudem einen positiven Einfluss auf das Mikroklima, weil zum Beispiel Wind gebrochen, Sonne abgeschirmt oder Wasser effizienter gehalten wird.

Deshalb säte ich ab dem zweiten Jahr dann auch Kräuter mit in meine Zweckgemeinschaft und vergesellschaftete Chisotirere, Basilikum, Oregano, Minze sowie Petersilie und Koriander mit den Gemüsepflanzen. Kräuter sind Mischkultur- und Kulturfolge-Allrounder und können fast neben allen Pflanzen wachsen. Der Balkon bot zwar daraufhin keinen Platz mehr für einen großen Stuhlkreis, doch ich fühlte mich unglaublich wohl inmitten der grünen Pracht, die so schön miteinander harmonierte. Die Symbiose aus Gemüsepflanzen, Kräutern und Blumen stellte mich aber auch vor neue Herausforderungen. Plötzlich musste ich planen, welche Pflanzen ich in welcher Menge und mit welchen Nachbarn anbauen will und welche sich zur Vermehrung eignen. Die Vorbereitungen und Kulturarbeiten füllten mein schon vorher nicht ruhiges Leben mit neuer Arbeit. Doch das Puzzlespiel, welches Zeit, Muße und Geduld abverlangte, lohnte sich. Die Erträge reichten zwar bei Weitem nicht für die Selbstversorgung, doch das war auch nie mein Ziel gewesen. Weniger ist manchmal einfach mehr und so wurde jedes Gemüse gebührend gefeiert.

Doch Mischkultur ist nicht nur ein Prinzip der Verzahnung von einjährigen und mehrjährigen Pflanzen, sondern auch eine Form der Gestaltung von Lebensräumen. Mein Balkon blühte und fruchtete zwar, doch er war isoliert, hatte keinen Bezug zu seiner Umwelt. Aus diesem Grund begann ich, direkt unter meinen Hochparterre-Balkon eine blühende Wiese zu säen und diese mit alten Holzstämmen und ein paar Steinhaufen für bestäubende Insekten zu veredeln. Einige der Blumen berührten mein Balkongeländer und die Bohnen rankten nach unten, fast so als wöllten sie sich vereinen – ein Netzwerk aus Gemüse, Blumen, Kräutern und Insekten, ein kleines Eldorado inmitten von Betonwüste und Asphaltgrau.

## 10

Dann lernte ich etwas Neues über den Humus-Komplex. Bis dahin war ich der Meinung, Erde ist Erde, mal nährstoffreich, mal mager, mal sandig, mal lehmig – aber eben Erde. Aber dass Boden von oben wie von unten wächst, dass ich ihn füttern müsste oder dass es verschiedene Humusarten gibt, war mir neu. Doch dann erinnerte ich mich an Zinahes Aussage, bewegter nasser Boden sei nahezu unfruchtbar und der Grund, warum die Mozambiquaner in Hügelbeeten anbauen. Auch den Adleraugen meines Nachbarn entging nicht, dass sich die Erde in meinen Trögen nicht erneuerte und deshalb schon bald tot sein würde.

Ich verstand es nicht, hatte ich doch auf gute Pflanzerde gesetzt, torffrei, biologisch und nachhaltig. Mein Nachbar erklärte mir, dass Witterungsprozesse, Mikroorganismen, Pilze und Insekten immer wieder neue Erde aufbauen. Zum einen wird tiefer liegendes Gestein zerkleinert und zerbröselt nach oben geschoben. Zum anderen wird Mulch auf der Oberfläche zu Erde zersetzt und setzt sich nach unten ab. Diese beiden Elemente, die Gesteinsumwandlung und die Mulchverwertung machen den Boden im besten Fall zu einer fruchtbaren Basis für alles Lebende, zu einem Humus-Komplex. Dieser ist widerstandsfähig gegenüber Sauerstoffmangel und Staunässe, ist nur selten erosionsanfällig und kann Wasser wie auch Nährstoffe optimal speichern.

Doch dieser Humus-Komplex kann nur entstehen, wenn Regenwürmer, Bakterien, Pilze und Mikroorganismen ausreichend Material vorfinden. Aus diesem Grund müssen wir Gärtnerinnen und Gärtner immer wieder Mulch für Rohhummus und Dauerhumus liefern. Rohhummus ist die oberste Erdschicht, welche von größeren Tieren wie Asseln und Springschwänzen besiedelt wird. Sie besteht meist aus gröberem, nicht ganz abgebautem organischem Material und liegt im leicht sauren pH-Wert. Dauerhumus hingegen ist eine dunkle, gut zersetzte Erde mit reichlich Nährstoffen und einem ausgeglichenen Säure-Basen-Haushalt sowie einer guten Speicherfähigkeit für Wasser. Sie wird durch Mikroorganismen, Pilze und Bakterien aus dem Rohhummus gebildet.

Bei gekaufter Pflanzerde, auch torffreie Bio-Erde, handelt es sich in den meisten Fällen um Rohhummus, überaus nährstoffreich, aber für die meisten Pflanzen etwas zu sauer und ohne zersetzende Lebewesen für die Umwandlung zu Dauerhumus. Für eine beständig gute Erde muss man Rohhummus mit Dauerhumus mischen oder durch das richtige Material den Aufbau von Dauerhumus initiieren. Das ist besonders bei Topfkulturen notwendig, da die Erde in den Gefäßen nicht in Kontakt mit dem Boden steht und es dadurch nicht zum Austausch von Lebewesen kommt.

Also mischte ich ab dem dritten Jahr die gekaufte Pflanzerde mit Stroh, etwas Gartenerde von Siegfried und Gertrud sowie Grünschnitt und befüllte die Gefäße erneut. Den Mulch aus Rasenschnitt behielt ich bei und auch die jährliche Düngung mit frischem Kompost, sodass sämtliche Lebewesen ein reichliches Buffet vorfinden würden. Auf Einharken verzichtete ich gänzlich, ich nahm mir die Natur zum Vorbild, in der auch kein Mensch mit einer Doppelhacke durch den Blätterteppich im Herbstwald zieht. Und in der Tat behielt die Erde ihre lockere, luftige Struktur bei, Wasser- und Nährstoffgaben hielten sich in Grenzen und auch der Geruch war ein ganz anderer – der von frischer Erde!

## 11

Ab dem dritten Jahr wollte ich mein Repertoire erweitern und einige Samen anderer Pflanzen hinzukaufen. Dabei musste ich feststellen, dass das Angebot überschaubar war. Das lag daran, dass es fast ausschließlich Hochzuchtsorten von spezialisierten Zuchtbetrieben zu erstehen gab. Diese erbringen zwar im ersten Jahr deutlich höhere Erträge als samenfeste Pflanzen, reifen gleichzeitig heran und lassen sich auch besser lagern, doch der Erfolg geht zu Lasten von Geschmack, Nährstoffgehalt und Nachbau. Mir war klar, ich wollte keine Hybridsorten, die alte Pflanzensorten verschwinden lassen und lediglich den Gewinn weniger Konzerne ankurbeln.

Samenfeste Sorten sind, global gedacht, eine gute Methode, um ein Stück Gerechtigkeit in die Welt zu bringen. Denn in Mozambique, wie auch in vielen anderen Ländern, die vom Export landwirtschaftlicher Erzeugnisse leben, werden fast ausschließlich Hybridsamen an die Bauern und Bäuerinnen sowie Selbstversorger-Gärtner und –Gärtnerinnen verkauft. Doch nach der Ernte können die Samen dann nicht zur Vermehrung herangezogen werden, mit der Folge, dass die Lebensmittel für die Versorgung der Familie oder zum Verkauf im nächsten Jahr nur dann erzeugt werden können, wenn die Menschen aufs Neue wieder Hybridsamen erstehen. Gleichzeitig sind Pflanzen aus Hybridsamen durch die synthetische Herstellung im Labor aber weniger widerstandsfähig, sodass die Nutzer wesentlich häufiger synthetisch düngen und Pestizide ausbringen müssen. Die Konzerne, welche Hybridsamen (und oft auch die passenden Mineraldünger und Pestizide dazu) vertreiben, besitzen jedoch eine Monopolstellung, die es ihnen erlaubt, den Verkauf samenechter Pflanzen in vielen Ländern der Erde zu verbieten. Das kostet besonders in Südeuropa, Afrika, Asien und Lateinamerika vielen Menschen die Existenz, wenn sie nicht, wie in Mozambique illegal Jungpflanzen auf lokalen Märkten verkaufen. Aus diesem Grund ist es umso wichtiger, die noch verfügbaren samenechten Pflanzen anzubauen und zu vermehren. Nur so ist es möglich, dass einerseits die Menschen selbst über ihre Ernährung und ihre Lebensmittelerzeugung bestimmen können statt einzelner Konzerne und andererseits die Vielfalt in der Küche als auch in der Pflanzenapotheke erhalten bleibt.

Also begann ich, nach samenfesten Pflanzen zu suchen. Die erste Anlaufstelle war mein Nachbar, der glücklich die für ihn gesammelten Gemüsesamen entgegennahm und beim Blick auf die Tomaten zwinkernd meinte, dass der Anbau mehrerer gleicher Arten auf zwei so nahen Balkonen den Ertrag ja noch einmal deutlich steigern würde. Im Gegenzug schenkte er mir die Samen diverser Kräuter für Küche und Apotheke. Und plötzlich nahm ich die kleinen Nischen wahr, die vorher so wenig Beachtung fanden: ein Hinweis in der Bücherei auf eine Samentauschbörse, ein Aufsteller bei einem Buchladen mit Samenraritäten und individuelle Internetanbieter mit einem besonderen Angebot.

Ich experimentierte, testete und vermehrte die neuen Samen. Doch es war nicht selbstverständlich, immer ausreichend Saatgut für die weitere Kultur im Folgejahr zu erhalten. Manchmal hatten sich die Samenstände einfach aufgrund der Witterung nicht ausreichend ausgebildet, sodass nur wenige Samen bis zum Reifegrad gelangten. Ein anderes Mal waren die Samen bereits durch den Wind verstreut und gekeimt, was vor allem bei Blumen und Kräutern nicht selten geschieht. Auch Fraßschäden, Schimmel oder Fäulnisprozesse beim Gemüse konnten die Pläne zur Samengewinnung schnell durchkreuzen. So lernte ich mit der Zeit, dass die Samengewinnung ein sehr komplexes Feld ist und neben Entdeckerfreude auch Erfahrung und Geduld abverlangt.

Heute finden sich meine mozambiquanischen Pflanzenschätze in unzähligen Gärten wieder. Ich verschenke die Samen an gute Freundinnen bei einem Kaffee, tausche sie mit Nachbarn und Nachbarinnen in der Schrebergartenparzelle, setze sie in die „Kalte Kiste" (alte Telefonzellen, die zum Tauschort für Bücher oder auch für Samen genutzt werden) oder verkaufe sie bei

Samenbörsen. Und auch ich bekomme immer wieder Samen geschenkt und erhalte neben Raritäten und uralten Sorten bei solchen Gelegenheiten auch gleich gratis Tipps und Tricks zum Anbau und zur Vermehrung dazu. Heute bin stolze Besitzerin von israelischen Tomaten, belarussischen Kürbissen, südamerikanischen Süßkartoffeln, bayerischem Thai-Koriander, kretischem Wildthymian, bosnischen Paprika und balinesischem Rattenschwanzrettich.

Stolz erfüllte mich, wenn ich auf meine bunte Ernte blickte, Tomaten in allen erdenklichen Formen und Farben naschte, an den Bohnen knabberte oder die Zucchini grillte. Der Geschmack war nicht derselbe wie in Mozambique, auch nicht wie bei Gertrud und Siegfried oder jener aus meiner Kindheit. Aber er war einzigartig und unverwechselbar – einfach toll. Ich befand mich mittendrin im Rhythmus der Natur, der meinen Geist entspannte und meine Seele nährte. Mein Urban-Gardening-Projekt, der blühende und fruchtende Balkon, war ein Ort der Selbstvergessenheit geworden, wo die Belastungen und der Stress des Alltages keinen Einzug erhielten.

Ich erkannte, dass man manchmal einfach die Pause-Taste drücken muss, damit die Seele die Möglichkeit erhält, uns wieder einzuholen. Und die Natur war schon immer ein Ort, an dem ich zur Ruhe kam, durchatmen konnte, Sinn fand und durch das Einlassen auf den jeweiligen Moment wurde ich entspannter und ausgeglichener. Über die Kultivierung der Pflanzen gelang es mir nicht nur, etwas nach meinen Vorstellungen zu gestalten und dabei Erinnerungen, Erlebnisse, aber auch Kreativität und Ideen sowie Hoffnungen und Sehnsüchte einfließen zu lassen. Durch das Tun und die unmittelbaren Erfahrungen, wie aus der scheinbar toten Erde im Spätwinter mit Hilfe der wärmenden Sonnenstrahlen und durch die steigenden Temperaturen neues Leben entsteht, bis es sich im Herbst wieder verabschiedet, veränderte sich auch mein Denken. Dieser Wandlungsprozess zwischen Keimen, Wachsen, Blühen, Reifen und Vergehen spiegelte für mich auf einmal ganz unverfälscht unsere menschliche Natur wieder, sodass ich in der Beobachtung des natürlichen Kreislaufes aus Kommen und Gehen erkannte, dass ebenso unser Leben letztlich nur aus temporär begrenzten, aneinandergereihten Abschnitten besteht und wir bereit sein müssen, anzunehmen und loszulassen.

Das Urban Gardening führte mir zudem vor Augen, dass wir auch im Leben zwar bestimmte Aspekte beeinflussen und auch einige Gegebenheiten verbessern können, doch letzten Endes ist es an uns, ob wir uns entwickeln oder nicht, so wie sich die Pflanzen auf Balkonen fernab von ihrer eigentlichen Komfortzone in winzigen Gefäßen entweder gut oder schlecht etablieren. Das Leben birgt eben ein gewisses Risiko und diese Unkalkulierbarkeit ist Teil des Ganzen. Manchmal tragen wir dabei auch Narben davon, dennoch können wir aber weiter existieren, wir können Chancen ergreifen und glücklich werden.

Die Liebe zur Natur, zu den Pflanzen und den Menschen nährte meine Seele und lies mich wieder meine Mitte finden. Ich arbeitete noch ein weiteres Jahr, bis ich dann meine Arbeitsstelle wechselte. Die Zeit in der Wohngruppe für psychisch erkrankte Kinder und Jugendliche war richtig, wichtig und ich möchte sie auch nicht missen. Dennoch war der Moment gekommen, um mich zu neuen Ufern aufzumachen. Ich musste es nur wagen.
Letztendlich geht es im Leben nicht um Möglichkeiten, die sich einem bieten. Möglich ist fast alles, ob die Bepflanzung eines Schattenbalkons, das Backpacken in Mozambique oder der Wechsel einer Arbeitsstelle. Vielmehr ist es wichtig, dass wir es wagen, zu springen, ungeachtet dessen, wie kalt das Wasser ist, in dem wir landen werden. Wagen, ausprobieren, Wunden versorgen, weitere Erfahrungen sammeln – das hält uns am Leben.
Und immer werden wir dabei begleitet von wichtigen Menschen, die im passenden Moment einfach genau das Richtige tun oder lassen. Sie inspirieren uns, geben uns Mut, stehen uns zur Seite, halten uns die Schulter zum Anlehnen hin, sagen uns die Meinung, stärken uns den Rücken, vermitteln Zuversicht und verstehen auch das, was wir nicht ausformulieren. Diese Menschen füllen unsere Herzen wie Schatztruhen mit den schönsten, innigsten, witzigsten und abenteuerlichsten Geschichten, die man sich ausmalen kann und sie sind die wichtigsten Motoren des Lebens.

Manchmal sind aber auch wir diese Wegbegleiter, dann ermöglichen wir anderen zu wachsen, zu gedeihen und zu reifen. Wie beim Gärtnern müssen wir nur akzeptieren, dass jede gemeinsame Zeit bemessen ist und lernen, ohne Wehmut loszulassen. Denn irgendwann gelangen wir an eine Wegegabelung und wir können gewiss sein, dass keine Begegnung umsonst war. Ein Teil von uns wird mit den Menschen an einen anderen Ort gehen und es ist eine schöne Vorstellung, die ruhig und gelassen stimmen kann.

# Kapitel 2

## No risk, no garden

### 1

Als die Noten meines Bruders zuerst ins Wanken gerieten und schließlich vollständig kippten, verfiel seine Mutter in Panik. Sie sah ihn bereits am Bahnhof Zoo in Berlin, obdachlos und als Junkie, nachts mit einem Pappkarton zugedeckt um sich vor der Kälte zu schützen und ein jähes Ende durch prügelnde Jugendliche in der Großstadt. Meine Sorgen hielten sich zuerst in Grenzen, David war 15 Jahre jünger als ich und ich konnte mir nicht vorstellen, dass es sich um mehr als eine pubertäre Phase handelte.

Mein Bruder wohnte zu dieser Zeit bei mir, es war eine Wohngemeinschaft, irgendwo zwischen Chaos und Normalität. Doch ich begann, wieder mehr Aufmerksamkeit in Davids Bildung zu investieren und meine allabendlichen Fragen nach Hausaufgaben, Lernen und Vorbereitungen wurden auch geflissentlich mit einem „alles ok" beantwortet. Doch nur wenige Monate später erkannte ich, dass die Schule meinen Bruder zu einem Lügner gemacht hatte. Oder vielleicht das Leben? Ich wusste es nicht, aber die Situation spitzte sich immer mehr zu. Mittlerweile rief die Schule fast täglich an und fragte, wo David denn sei. Am Abend erschien mein Bruder dann zuhause und musste lange Tiraden über die Notwendigkeit einer Schulbildung über sich ergehen lassen. Wortkarg und zerknirscht gelobte er Besserung, nur um ein paar Tage später wieder in alte Muster zu verfallen. Und so überfiel dann auch mich langsam eine Art Bedenken angesichts des Theaters, das sich abspielte und ich überlegte, was wir tun konnten.

David war ein besonderer Mensch. Ich mochte seine Art, wie er die Welt betrachtete und alles Unbekannte und Neue in sich aufsog, ganz unvoreingenommen und mit einer fast kindlichen Neugier. Er verfügte über beinahe reife Ansichten und Meinungen, die er nicht einfach irgendwo aufgeschnappt hatte um sie gedankenlos zu reproduzieren, vielmehr entstanden diese Vorstellungen als eine Art Resultat von Denken und Fühlen. Und David hatte Humor, er konnte nicht nur über andere, sondern vor allem auch über sich selbst lachen. Das machte ihn zu einem beliebten Mitschüler, einem loyalen Freund und einem begeisterungsfähigen Bruder. Doch David trug auch eine blinde Wut in sich, von der niemand genau wusste, woher sie rührte und die er nur schwer kontrollieren konnte. Sein falsches Ehrgefühl verhinderte zudem, dass er sich unliebsamen Sachen annahm. Es schien, als wäre er außerstande, über seinen Schatten zu springen, selbst wenn er mit Konsequenzen rechnen musste.

An einem Sonntagnachmittag lernte ich mit ihm Mathematik, ganz ohne Buch, Heft oder Aufzeichnungen, da er es nicht für nötig hielt, für diese Materialien Sorge zu tragen. Ich erinnere mich noch genau an diesen Tag als wäre es gestern gewesen. David fand ihn nicht sonderlich erbaulich, denn sein Wochenende war fast vorüber, die Verpflichtungen der Woche klopften bereits an der Tür und ihm stand keineswegs der Sinn nach Vorbereitungen mit mir. Der fürchterliche Märztag draußen schien Sinnbild für Davids Stimmung zu sein, der Nebel hüllte die Stadt ein und verwandelte sie in ein graues Meer. Ich erklärte meinem Bruder, wie er die Koordinaten verschiedener Punkte auf einer Parabel berechnet. Mit gesenktem Kopf saß er am Tisch, umringt von unsauber beschriebenen Blättern und achtlos verworfenen Notizen, die eindeutig widerspiegelten, was er dachte und fühlte. Ich sah ihn an, er war ein Jugendlicher von großer Statur, kräftig und muskulös. Seine dunklen Haare waren ein wenig zu lang, sodass sie taten, was sie wollten. David war klug, er beherrschte vier Sprachen und hatte eine gute Auffassungsgabe. Mit ein wenig Elan wären die Aufgaben für ihn ein Leichtes gewesen, aber sein ganzes Ich sträubte sich. Ich beobachtete ihn, wie er ungeduldig seine Fingerknöchel knetete, er hatte eindeutig andere Pläne. Dann sog David die Luft tief hörbar ein, es war der Ausdruck von Langeweile und die Überzeugung, dass alles, was er hier tat, für ihn von vollkommener Irrelevanz war. Und dann verspürte ich für einige Sekunden exakt das gleiche Gefühl. Es war, als ob jemand den Vorhang vom Fenster gerissen hätte, damit das Sonnenlicht erbarmungslos in das Zimmer scheinen kann, um die Realität darzulegen, die bis dahin wohlbehütet im Schatten verborgen war. In diesem Augenblick begriff ich, dass der Schulkampf verloren war. Und ich wusste, dass wir auch ihn verlieren würden, wenn wir weiter in dieser Schiene fahren.

Ich nahm all meinen Mut zusammen, und fragte David leise, ob er überhaupt noch zur Schule gehen wollte. Er blickte mich an. Seine dunklen Augen waren durchzogen von kleinen, goldenen Sprenkeln, die den Eindruck erweckten, als würde sich das Sonnenlicht in seinen Augen spiegeln. Die Aufregung durchfuhr jede Faser seines Körpers und jetzt konnte ihn nichts mehr auf dem Stuhl halten. Natürlich nicht, war seine Antwort. Dann war er fort. Ich saß noch lange am Tisch, umringt von Mathe und anderen Fragen. Ich überlegte, was David denn nun tun könnte. Wozu wäre ein Jugendlicher, der die Schule hasst, keine Bücher liest und wenig Hobbies hat, zu motivieren? Meine sonst so übliche Überzeugung, alles würde schon gut ausgehen, löste sich in diesem Moment in Luft auf. Ich wollte nicht das Schuldebakel wiederholen und ihn von einer verhassten Verpflichtung in die nächste manövrieren. Doch welche Möglichkeiten gab es? Ich war gerade im Begriff, meine Arbeit in der Wohngruppe zu beenden und die Zeit bis zum Beginn des Studiums lag noch in weiter Ferne. Vielleicht ließen sich die Monate mit etwas füllen, das David helfen würde.

Einen Tag später verabredeten wir uns in einem arabischen Lokal. Es gehörte Bekannten, zwei ihrer Söhne waren bei uns ein und aus gegangen, sie hatten mit David nächtelang Computerspiele gezockt, im Hof vor den irritierten

Blicken der Nachbarn handfeste Boxkämpfe ausgetragen, das Wohnzimmer zu einem Studio umgewandelt um wilde Rap-Songs aufzunehmen und die Kellerwände mit buntem Graffiti besprüht. Wir setzten uns und bestellten einen gemischten Teller. Die Frau des Besitzers winkte uns zu und ich erwiderte die Begrüßung.

David biss ein Stück des Fladenbrotes ab und steckte noch ein ganzes Falafel dazu. Sein Hunger war beeindruckend. Ich fragte ihn, ob er sich sicher sei. Verdutzt blickte David mich an, unschlüssig, ob ich gestern vielleicht doch nur einen Scherz gemacht hatte. Mein Bruder beugte sich nach vorne und flüsterte mir zu, dass er ganz sicher nie wieder einen Fuß in die Schule setzen möchte. Ich atmete tief durch und sagte, dass das für mich in Ordnung sei. David schaute mich sprachlos an. Ich wusste, dass er auf das „Aber" wartete. Und so legte ich meinen Plan dar. Ich eröffnete ihm, dass er die Schule ohne Abschluss verlassen kann, wenn er mit mir den Donau-Radweg von der Quelle bis zur Mündung fahren würde. Auf seine Frage nach dem Warum antwortete ich ihm nur, faire les 400 coups.

Die Donau ist der zweitlängste Fluss Europas und vom Ursprung bis zum Ende mehr als 2.800 km lang. Sie durchfließt zehn Länder und verbindet Kulturen und Traditionen. Schon im Mittelalter stellte die Donau einen der wichtigsten Handelswege dar und seit mehr als 30 Jahren existiert ein Uferweg, der mit den Rad befahrbar ist. Ich hatte gehört, dass der Radweg entlang der Donau sehr reizvoll sein soll und sich die Natur sehr wandelbar präsentiert.

Schneller als wir dachten, war der 1. April gekommen, David wurde in der Schule beurlaubt, die Taschen gepackt, das Sparschwein geleert und die Freunde geschockt. Wir statteten zwei Trekkingräder mit je 4 Taschen, 1 Zelt, 1 Schlafsack, 1 Isomatte und 1 Tagesrucksack aus. Zur Orientierung sollte uns das Kartenmaterial eines ortsansässigen Geschäftes für Weltenbummler dienen. David hatte sich am Vorabend ausschweifend mit einer großen Party verabschiedet, so als müsse er den Kreuzigungsweg gehen.

Die Sonne strahlte mir der ganzen Kraft, die sie im zeitigen Frühjahr aufbringen konnte und der Himmel leuchtete Blau, keine Wolke war am Himmel zu sehen, die Luft war klar und mild. Mit dem Zug fuhren wir nach Donaueschingen, mitten im Schwarzwald. Der Weg dorthin war beschwerlich, wir mussten sehr oft umsteigen, die voll bepackten Fahrräder hoch- und hinunterhieven, mehrere Strecken stehend im Zug hinter uns bringen und das Gepäck häufig unbeaufsichtigt lassen.

Dann überhörten wir kurz vor Ende der letzten Etappe die Durchsage des Schaffners. Als der Zug bereits einige Zeit stand, deutete David mit dem Kinn auf das Schild am Bahnsteig hinter mir und fragte mich, ob „Donaueschingen" nicht unser Ziel wäre. Ich nickte und beinahe panisch versuchten wir, mit unseren bepackten Fahrrädern aus dem Zug zu kommen. Als David endlich auf dem Bahnsteig stand und sich umdrehte, schlossen sich die Türen. Ich blickte in das verdutzte Gesicht meines Bruders, während der Zug anfuhr. Meine Bemühungen, die Tür durch beherztes Rütteln am Griff noch zu öffnen, scheiterten und wurden von einer älteren Dame als „flegelhaft" kommentiert. David stand draußen, er zuckte mit den Schultern, ratlos und überrumpelt. Während seine Gestalt immer kleiner wurde, überlegt ich kurz, wie wir nun weiter verfahren sollten. Ich kämpfte mich durch die überfüllten Abteile in Richtung Schaffner und fragte ihn, wann denn der nächste Zug wieder zurück nach Donaueschingen fahren würde. Er war ein wenig irritiert, aber nach einer kurzen Erläuterung meinerseits verstand er das Anliegen. Er grinste amüsiert und fragte etwas spöttisch, wie alt ich denn sei, dass mir die Zeit zum Aussteigen nicht gereicht hätte. Dann telefonierte er kurz und schickte mich wieder zu meinem Fahrrad. Eine Minute später eröffnete der Schaffner per Durchsage, dass es einen außerplanmäßigen Halt geben würde und auch der entgegenkommende Zug kurz stoppt, damit alle Reisenden, die den Ausstieg in Donaueschingen verpasst hatten, nun Anschluss finden könnten. Meine Wangen fühlte sich heiß an, mit Sicherheit hatten sie die Farbe kanarischer Tomaten angenommen. Als der Zug zum Stehen kam, packte ich mein Fahrrad und öffnete die Tür. Mit wenigen Schritten überquerte ich das Kiesbett mitten im Nirgendwo und wechselte unter den Blicken zahlreicher amüsierter Bahnreisender den Zug. Nur wenige Minuten später erreichte ich wieder Donaueschingen und erklärte meinem sprachlosen Bruder, dass die Reise nun definitiv starten könne.

Im Schlosspark der Stadt liegt die Quelle der Donau. David und ich drängelten uns zwischen die quirligen Japaner mit Kameras im Wert eines Kleinwagens und die gesetzten Amerikaner mit neuesten Smartphones an gefährlichen Selfie-Sticks, um einen Blick auf den Ursprung des einzigen europäischen Flusses zu erhaschen, der von West nach Ost fließt. Ich war froh, als David und ich ohne größere Verletzungen wieder im Sattel saßen und Richtung Versinkungsstellen radelten.

Es sah definitiv ein wenig kurios aus, als diese riesigen Wassermassen plötzlich verschwanden, um dann an anderen Orten wieder aufzutauchen. Dieses Naturschauspiel faszinierte auch David und er scherzte, dass so eine Versinkung nicht nur bei der Donau zu beobachten sei. Wir ließen unsere Fahrräder irgendwo zwischen Immendingen und Fridingen stehen und wateten mit bloßen Füßen im Flussbett der verschwindenden Donau. Dieser Abschnitt, mit wenig Fluss, aber umso mehr Natur, war für mich zweifelsfrei der ursprünglichste und gleichzeitig ruhigste an der Oberen Donau. Ich saß lange auf einer der trockenen Inseln inmitten des Flussbettes, lauschte den zwitschernden Vögeln und beobachtete das Farbenspiel der Sonne auf den Donaupfützen. Es war beruhigend und friedlich. Im Schatten der großen Weiden zwischen Kalksteinen und Sumpfpflanzen fand David eine wunderschöne Versteinerung, die er bis heute als Erinnerung bewahrt.

Nur wenige Kilometer weiter trat die Donau im sogenannten Aachtopf wieder zu Tage – selbstverständlich unter den gleichen zahlreichen japanischen und amerikanischen Argusaugen. Ich musste schmunzeln und wir fuhren an diesem Tag noch eine ganze Weile durch das immer enger werdende Donautal. Für die Anstrengungen der steilen Auffahrten wurden David und ich mit atemberaubenden Ausblicken belohnt. Imposante Felswände, hohe Berge, trutzige Burgen und majestätische Schlösser säumten das Obere Donautal und spiegelten die einzigartige Schönheit dieser Landschaft wider.

Bis dahin verband ich den Begriff „Schwarzwald" stets mit etwas verschrobenen Menschen, die ihre Häuser mit Kuckucksuhren zieren, seltsame Speisen essen und unverständliche Dialekte sprechen. Doch ich wurde eines Besseren belehrt. Am ersten Abend suchten wir einen Platz für unsere Zelte und fanden ihn in einem winzigen Dorf nahe Sigmaringen. Ein Landwirt stellte seine Obstwiese zur Verfügung und lud uns ganz selbstverständlich zum Abendessen ein, welches uns die Strapazen der Anreise vergessen lassen sollte. David und ich nahmen das Angebot dankend an, wohlwissend, dass wir im Laufe der nächsten Wochen noch sehr viele Abende Nudeln mit Tomatenmark und getrockneten Kräutern essen werden. Wir saßen in einem wunderschönen Bauernhaus, die Wände der Wohnküche waren hell verputzt, die Trägerbalken stammten aus längst vergangenen Zeiten und auch die Böden zeugten, dass hier seit Generationen gelebt wurde. Die Einrichtung war bewusst gewählt und sehr geschmackvoll, sie verriet, dass die Besitzer den Wert der Dinge schätzten und nicht die Menge. Dieses Stelldichein aus Vergangenheit und Gegenwart strahlte einen besonderen Reiz aus und fand sich auch im Essen sowie in den Gesprächen wieder. Bei schwäbischen Traditionsgerichten tauschten wir uns mit Georg und Karin über Gott und die Welt aus. Kaum ein Thema zwischen Wilhelm Hauff, den Vorteilen von sanftem Tourismus oder biologischer Landwirtschaft und der Verschiebung des mesozoischen Deckgebirges blieb außen vor. David ging förmlich auf und ich fragte mich wirklich, wie er sich eine Meinung zu all diesen Themen hatte bilden können, wo ihm die Schule doch so verhasst war.

Mein Bruder hatte sehr früh gelernt, dass ich außerstande bin, direkt nach dem Aufstehen darüber zu philosophieren, wie Wildgänse ihr Ziel finden, was die Farben in der Natur macht und warum wir die Zeit nicht zurückdrehen können. Auch als David älter wurde, entfachte er Diskussionen, was das richtige Mädchen ausmacht, welche Fehler sich in die Kategorie „erwachsen" einordnen lassen und warum uns Leidenschaft am Leben hält stets erst nach meinen morgendlichen zwei Tassen Mokka, etwas Rührei und einem belegtem Brot. Und so befanden wir es auch auf unserer gemeinsamen Reise als gesunden Kompromiss, relativ wortlos in den Tag zu starten, um dann nach geraumer Zeit in einer der Städte am Weg für ein ausgiebiges Frühstück einzukehren und uns Zeit für Gespräche und Erkundungen zu nehmen.

Ob Mengen, Ulm oder Donauwörth – die historischen Altstädte luden zu Entdeckungen ein und wir nahmen sie gerne an. David und ich hielten stets zuerst nach einem kleinen Café mit Außenbereich Ausschau, sodass wir beim Frühstücken das Treiben der Menschen beobachten konnten. Unsere vollbepackten Fahrräder ließen wir nach der wohlverdienten Stärkung direkt beim Café stehen, um anschließend an typischen Fischerhäfen, durch verwinkelte Gässchen und zwischen traumhafter Architektur zu schlendern.

Mein Bruder suchte mit mir am Boden nach „Stolpersteinen" und wir erkannten, dass der Nationalsozialismus an beinahe keinem Ort spurlos vorübergegangen war. Wir überlegten, welche Gründe die Menschen dazu bewegt haben könnten, ihre Freunde, Arbeitskollegen oder Nachbarn zu verraten, ob Loyalität nicht der Grundstein jeder zwischenmenschlichen Beziehung ist und inwiefern diese Menschen trotz der schmerzhaften Erfahrungen noch fähig waren, zu vertrauen.

Nachdem ich mich mit David durch ein „Kuhgässl" gezwängt hatte, drängte sich der Verdacht auf, dass im Falle eines Brandes die Feuerwehr wohl niemals Herr über die Flammen werden könnte, weil es an Platz in den Altstädten einfach zu sehr mangelte. Ich überlegte, welch großartigen Bauwerke, geschichtsträchtigen Mahnmale und einzigartigen Erinnerungen dann für immer zu Asche werden würden.

David und ich staunten auch über die verschiedenen Dachgesimse, die gut erhaltenen Fachwerkgebäude und barocken Giebelverkleidungen, welche vom Reichtum der früheren Bewohner und dem Glanz der Städte zu Zeiten des Handels an der Donau zeugten. Wir fragten uns, was wohl damals in die Kategorie „Prestigeobjekte" gefallen wäre und warum materieller Reichtum auch heute noch so häufig nach außen getragen wird, innerer Reichtum jedoch meist im Verborgenen bleibt.

Während zuerst große Naturschutzgebiete und Biosphärenreservate den Donauweg säumten, veränderte sich langsam das Bild. Die schroffe, unberührte Landschaft mit seinen Richtung Himmel ragenden Kalkfelsen wurde abgelöst durch weite Täler, welche den gemächlichen und trägen Fluss einrahmten. Es war Frühling und immer wieder rollte die Natur einen überdimensionalen roten Teppich aus Mohnblüten aus, der sich in sanften Wellen im Wind wog. Auch üppig blühende Streuobstwiesen lagen entlang der Strecke und luden zu einer Rast im Schatten ihrer knorrigen Äste ein.

Ehe wir uns versahen, befanden wir uns in Weltenburg, an einem der spektakulärsten Umbrüche der Donau. Ich sog den Anblick des Flusses auf, der sich tief in das Gestein eingrub und dabei eigenwillige Formationen hinterließ, bis gigantische Felsmassen das Wasser lenkten. Dieses Bild mutet wirklich atemberaubend an. Dadurch lag der Radweg jedoch für eine kurze Zeit fern des Wassers, sodass David und ich die Variante „Schiff" wählten, um die „Weltenburger Enge" hautnah zu erleben. Mir war nicht bewusst, dass diese Schiffstour eine Pflichtveranstaltung für sämtliche Schülerinnen und Schüler aus der Region war. David und ich nahmen auf dem Schiffsdeck Platz und blickten in die gelangweilten Gesichter der 8- bis 16-Jährigen, die sich anderweitig zu beschäftigen versuchten und die Natur keines Blickes würdigten. Mein Bruder saß schweigend neben mir, während die Landschaft vorüberzog. Üblicherweise konnten wir beide immer gut miteinander kommunizieren, doch in diesem Moment hatten wir uns nichts zu sagen. Wir waren befangen, weil die Gegenwart dieser jungen Menschen uns das entgegen schrie, was wir insgeheim nicht zu denken wagten: Was, wenn sich nichts durch diese Reise verändern würde? Wenn David in einen Brunnen gesprungen war, nur um festzustellen, dass es auf der anderen Seite keine blühende Wiese, keinen sprechenden Backofen und keine Frau Holle mit Goldregen gab. Stattdessen nur ein paar Gelegenheitsjobs auf ihn warteten, ohne Geld, ohne Perspektive. Und ich hatte ihm den Weg dahin geebnet.

Mit vielen Gedanken im Gepäck ging es weiter. Die Region zwischen Regensburg und Passau war landwirtschaftlich geprägt, ein Feld reihte sich an das nächste und die Natur wurde immer mehr durch Monokulturen und Flächenversiegelung zurückgedrängt. Gleichzeitig spielte die christliche Religion eine sehr tragende Rolle, was sich in der barocken Architektur, dem kirchlich geprägten Aufbau der Städte und den tief verwurzelten Traditionen zeigte. Wir wollten uns nicht lange aufhalten lassen und fuhren mit Rückenwind bis Passau, dem einzigen Ort der Welt, an dem 3 Flüsse aus 3 verschiedenen Himmelsrichtungen zusammenfließen und gemeinsam als ein Fluss in die vierte Himmelsrichtung nach Österreich weiterströmen.

Ein beeindruckendes Naturschauspiel war zweifelsohne die Schlögener Schlinge, bei der die Donau eine 180-Grad-Kehrtwende macht, um sich durch die Felsen der „Böhmischen Masse" zu zwängen. Ich wollte die Weiterfahrt gerne für einen kurzen Spaziergang zu einem höher gelegenen Aussichtspunkt unterbrechen. Die Donau bot immer wieder Ausblicke zum Erholen, Ruhe finden und Entspannen, doch einer der österreichischen Höhepunkte fand sich meiner Meinung nach hier. Es war definitiv ein spektakuläres Panorama, einzigartig und einmalig, als der kräftige Fluss versuchte, sich den ästhetischen Granitfelsen einzuverleiben, unklar, wer von beiden die stärkere Naturgewalt darstellt.

David und ich setzten uns an den Rand der Plattform und ich fragte ihn, ob er in den Gegensätzen eine Parallele erkenne. Er verneinte. Die Sonne schien und auf der Wasseroberfläche tanzten die glitzernden Strahlen. Wir beobachteten die Wolken, die in der Ferne bereits die Gipfel der Berge verschlungen hatten und immer weiter talwärts rollten ähnlich einer Lawine. Schon bald würde dieses sonnenumspielte Grün der Bäume eins werden mit dem Grau der Wolken, es war unaufhaltbar. Dann flüsterte David, dass er Angst hatte. Lange Zeit saßen wir schweigend nebeneinander, bis ich ihm gestand, dass mich seine Aussage beruhigen würde. David war irritiert. Ich sagte ihm, dass auch ich Angst hatte. Angst, dass er abrutscht, dass es die falsche Entscheidung war, dass wir uns voneinander entfernen würden und vieles mehr. Doch ich erwähnte auch, dass Angst letztendlich kein Zeichen von Schwäche sei, sondern lediglich der Beweis, dass wir das eigene Leben einfach immer wieder auf den Prüfstand stellen.

Mit unvergleichlichen Bildern im Kopf und einem leichteren Herzen ging es ohne Steigungen weiter in Richtung Linz. Das breiter werdende Donautal war in dieser Region eine sehr fruchtbare Ebene voller blühender Streuobstwiesen und Weinberge.

# 4

Allerdings konnte ich die Zeit durch das Eferdinger Land und die Wachau nicht genießen. Es schien, als hätten sich alle Menschen über 60 Jahre mit einem motorbetriebenen Fahrrad für einen Ausflug getroffen, um diesen Abschnitt des Donauradweges in eine Autobahn zu verwandeln. Permanent wurde ich durch ein penetrantes Klingeln hinter meinem Rücken aufgeschreckt, nur um dann von einer Gruppe Senioren auf E-Bikes haarscharf überholt zu werden. Und dann geschah es. Einer der Radfahrer streifte nach dem Übermanöver meine vordere Reifentasche, wir schlenkerten beide, David hinter mir konnte nicht mehr rechtzeitig bremsen und touchierte mein Fahrrad. Beide stürzten wir und holten uns einige blaue Flecken und Schrammen. Eine meiner Taschen war durch den Fall so ramponiert, dass ein großes Loch im Stoff klaffte und auch das Gestänge von Davids Zelt war verbogen. Ich war fürchterlich genervt und auch David wirkte gestresst, ich sah es ihm an, etwas Kaltes kroch über sein Gesicht.

Und dann zeigte der Mai auch noch seine hässliche Fratze. Das bis dahin beständige Wetter veränderte sich, der Himmel färbte sich grau wie unser Weg, als würden beide irgendwo am Horizont verschmelzen. Sturm peitschte David und mir ins Gesicht und wir fuhren zwei Tage dagegen an. Dazu kam waagrechter Regen, der unsere Jacken einem echten Härtetest unterzog. Es war schrecklich. Als ich mit David endlich Wien erreichte, hatte ich die Nase gestrichen voll. Mein Körper rief nach einer Pause und auch emotional hatten mich die letzten zwei Tage umher gewirbelt. Ich wollte nicht noch einmal im Zelt schlafen, auf einer schmerzenden Schulter, eingehüllt in einen klammen Schlafsack und dabei zusehen, wie der Sturm mit dem Zelt spielte und der Regen unsere Sachen in ein feuchtes, glitschiges Amphib verwandelte.

Also beschloss ich, für diese Nacht eine Unterkunft in Wien zu suchen, mit Bett, Dusche, Frühstück und Ruhe vor enthusiastischen Elektroradfahrern.

David verstand mich nicht, er wollte weiter, die Stadt hinter sich lassen, so wie er immer fortwollte, wenn ihm etwas zu viel wurde. Als wir vor einer Pension standen, spürte ich seine Reverse, so wie früher, als ich ihm immer sagte, er dürfe nicht mit seinen Matschklamotten durch den Flur stapfen. Als ich erschöpft auf dem Bett lag, brach David einen Streit vom Zaun. Er fühlte sich immer angegriffen, weil ich ihn zum Nichtstun, zu diesem spießigen Dasein verdammt hatte. Ich wusste, dass Jugendliche während der Pubertät dieselbe verständnisvolle Zuwendung und die gleiche aufopferungsvolle Hingabe wollen wie Neugeborene. Doch in diesem Moment war seine Aussage der Tropfen, welcher das Fass zum Überlaufen brachte. Unverhohlen warf ich ihm meine Meinung vor die Füße, ich verpackte sie nicht hübsch, machte mir nicht einmal die Mühe, eine Erklärung hinzuzufügen. Am Ende sagte ich nur, dass ich am Folgemorgen den Heimweg antreten werde.

Davids Antwort fühlte sich an, als ob er mit einem Stein ein Fenster zerschlagen würde und der Knall der splitternden Scherben hallte in meinen Ohren. Auf einmal war mir klar, woher seine blinde Wut rührte: David hatte das Gefühl, er sei niemandem etwas wert. Ich sah es deutlich vor mir, wie dieses Gefühl all seinen Selbstwert, seine Zuversicht und sein ganzes Ich auffraß wie ein Geier, der nur darauf gewartet hatte, bis er ungehindert zuschlagen konnte. Er lief aus dem Zimmer. Vom Fenster aus konnte ich beobachten, wie er ziellos die Straße hinunterblickte, um dann nach wenigen Metern im Eingang einer Billard-Kneipe zu verschwinden.

Ich spürte, wie der Ärger in mir hochstieg, er kribbelte auf meiner Haut. Ärger, weil David unglücklich war und ich einfach machtlos. In diesem Moment fragte ich mich, ob es richtig war, meinen Bruder darin bestärkt zu haben, sich einfach treiben zu lassen. Was, wenn ich falsch lag, wenn David nicht einfach irgendwann das Leben bei den Hörnern packen würde. Ich zweifelte plötzlich, ob ich meinem Bruder mit dem Freibrief nicht eine Ausrede für Davonlaufen auf dem Silbertablett serviert hatte, um so sein ganzes Leben zu vermasseln.

Nach einer Weile ging ich nach unten, gelbe Straßenlaternen leuchteten über mir, die Balkone der Pension blickten auf mich wie Menschen, die warteten, was wohl passieren würde. Eine kleine Crepérie hatte noch geöffnet und ich zog es vor, für einen kurzen Moment die Annehmlichkeiten der Großstadt zu genießen. Mit meinem Crepé in der Hand schritt ich zielsicher durch die Tür der Billard-Kneipe. Nebel aus Rauch hüllte mich ein und die Luft war erfüllt von Stimmen und dem Klicken der aneinanderprallenden Kugeln. Ich sah David am Tresen mit ein paar jungen Männern, er spielte sich auf, brüstete sich, wirkte arrogant. Es lag eine Fremdheit in seiner Stimme, eine Härte, bei der ich mich fragte, ob das sein wahres Ich war oder nur eine Maskerade? Aber vielleicht war das Gesicht, das er mir sonst zeigte, auch nur die Attitüde und ich bekam jetzt die Möglichkeit, den Menschen hinter der Fassade zu sehen.

Scheinbar war er in einen Streit verwickelt. Die hitzige Diskussion schien langsam außer Kontrolle zu geraten. Einer der Männer wollte David sein Mobiltelefon in die Hand drücken, damit dieser einen Anruf entgegennehmen konnte. Mein Bruder wehrte ab, doch der Fremde bedrängte ihn weiter, rückte immer näher heran. Die beiden trennte nur noch eine Haaresbreite. Dann verließ der Mann die Gruppe in Richtung Toilette. Mein Bruder sah auf das fremde Mobiltelefon in seiner Hand. Als er mich erblickte, legte er es auf den Tresen und kam auf mich zu. Gemeinsam verließen wir das Lokal, er beobachtete mich aus den Augenwinkeln, fast dankbar. Gerade als wir ins Freie getreten waren, hörten wir lautes Geschrei. Der fremde Mann kam hinter uns hergerannt, er war offensichtlich in Rage. David forderte mich auf, zu gehen, doch der Fremde stand mit wenigen schnellen Schritten vor uns. Dann zog er plötzlich eine Pistole aus seiner Jackentasche und hielt sie vor mein Gesicht. David hätte sein Handy gestohlen, es gäbe jetzt etwas zu klären.

Ich konnte nicht glauben, in welcher Situation ich mich gerade befand. Stille lag um uns, man hätte eine Stecknadel fallen hören. Die warme Schokoladensoße lief aus meinem Crepé heraus an meiner Hand hinunter. Ich musste an unsere Bekannten denken, die vor der Kriminalität in Serbien, Rumänien und Bulgarien gewarnt hatten. Wir würden dort mit Sicherheit beraubt, entführt oder getötet werden, es gäbe keinen sicheren Ort da. Doch ich befand mich hier, mitten in Wien, vor einer Billard-Kneipe und blickte in den Lauf einer Pistole, weil ein angetrunkener Halbstarker der Meinung war, er müsse sich mit Gewalt Recht verschaffen.

Angst breitete sich in meiner Brust aus wie Gift, mein Herz raste, ein imaginärer Gürtel schnallte sich um mich und zog zu. Doch dann verwandelte sich die Angst in Wut, sie packte mich wie ein unerwarteter, harter Windstoß. Und schließlich hielt ich es nicht mehr aus, all die Emotionen, die ich vorher gut kontrolliert hatte, gelangten nun an die Oberfläche. Es war, als würde mein Selbsterhaltungsmechanismus plötzlich anspringen, so wie der Frostschutz bei einer Heizung. Ich sog die kühle Abendluft ein und schrie dem Mann all meinen Frust entgegen. Dass er ein jämmerlicher Wicht sei, der seine eigene Unsicherheit damit wettmachen wolle, indem er anderen Angst einjagt. Dass er seine fehlende Männlichkeit gerade eindrucksvoll beweist, indem er eine Frau von der Statur einer Elfe mit einer Pistole bedroht. Und dass sein Handy sowieso unwichtig wäre, denn bei dieser geringen Selbstkontrolle würde ihn ohnehin keine Frau anrufen.

Der Fremde hielt inne, die Überraschung stand ihm ins Gesicht geschrieben. In diesem Moment kam ein anderer Mann aus der Tür, in der Hand hielt er ein Mobiltelefon und reckte es gen Himmel. Kleinlaut äußerte er, dass es auf dem Tresen gelegen hatte. Der fremde Mann ließ seine Pistole sinken. Ich blickte zu David, gab ihm mit einem Kopfnicken zu verstehen, dass die Show nun vorbei war und wir den Weg zurück zur Pension antreten würden. Ich sah mich nicht mehr um. Nach einer Weile waren auch die Stimmen verschwunden. Mir fiel ein Stein vom Herzen, dass der Abend gut ausgegangen war.

Es gibt einen Zeitpunkt, da kann man nicht mehr wirklich viel tun. Da ist die Kindheit mit einem Mal zu Ende, obwohl man nur für einen kurzen Moment die Augen geschlossen hatte. Die Türen in der Seele der jungen Menschen sind dann verschlossen für uns Erwachsene. Aber der Impuls, etwas für sie zu tun, der ist noch da. Der Wille, etwas zu verändern. Heute Nacht hatte ich etwas für David tun können und dieses Ereignis gab David mehr als es hundert Aussprachen jemals geschafft hätten. Es schenkte ihm die Gewissheit, dass er mir sehr viel wert war. So verrückt es auch klingen mag, aber manchmal hatten Dinge einfach ein Gewicht, welches weit über die Realität hinausgeht.

# 5

Hinter der österreichischen Hauptstadt begann das Wiener Becken, eine tiefe Ebene, die uns schnell vorankommen ließ. Ein Naturschutzgebiet reihte sich an das nächste, interessante Ortschaften gaben sich ein Stelldichein und viele Denkmäler säumten den Weg. Mit jedem Kilometer wuchs die immergrüne Wand aus Bäumen und Blüten neben uns weiter empor, Klippen und Bäche kreuzten den Weg, die Fahrt war berauschend. Rasch erreichten wir Bratislava mit seiner traumhaften Altstadt.

Hier konnte man den Weg auf dem Staudamm wählen oder entlang der Altarme der Donau radeln. Wir entschieden uns, die kleinen Feuchtgebiete der ungarischen Tiefebene zu durchqueren und so nach Györ zu gelangen – ein kulturelles Highlight, das meiner Meinung nach keinesfalls unbeachtet bleiben durfte. Römische Besatzung, Türkenkriege, Kaiserreich – David musste sich meiner Begeisterung beugen und so wandelten wir auf den Spuren europäischer Geschichte. Am Ende kreisten unsere Fragen um die Herkunft der Breze, die wirtschaftlich vorteilhafte Lage der Stadt sowie die nationale Identität von Emil Zuckerkandl. Doch nach einer Weile spürte ich, dass ich aufhören musste, David in jeder Stadt etwas beibringen zu wollen, damit ich dieses fragile Kartenhaus von Interesse und Wissensdurst nicht zum Einsturz bringe. Und so fuhren wir nach etwa 2 Stunden Aufenthalt weiter bis nach Komarom.

Plötzlich wurde es kalt, der Wind fegte über die Straßen wie ein Dieb, der nur darauf wartet, bis man das warme Haus verlässt, um zuzuschlagen. Die Eisheiligen trieben auch im westlichen Ungarn ihr Unwesen. Ich fror in dieser Nacht in meinem Zelt, an Schlaf war kaum zu denken. Die feuchte Donauluft gefror an der Zelthaut und zauberte einen glitzernden Überzug wie bei einem feinen Gebäck aus der Konditorei. Doch nicht nur dort. Als David und ich am nächsten Morgen losfahren wollten, war die Gangschaltung meines

Fahrrades eingefroren. Ich wusste mir keinen Rat, also beschloss ich, dass wir warten müssen, bis es wärmer wird. David hingegen eröffnete triumphierend, dass bei dieser Art von Problem am besten Morgenpipi helfen würde und ich mich bitte umdrehen solle. Fassungslos tat ich, wie mir geheißen. Nach wenigen Minuten saßen wir im Sattel, ich kopfschüttelnd über die Tatsache, dass mein Bruder mein Fahrrad auf diese Art und Weise fahrtauglich gemacht hatte, David grinsend, weil sein Plan aufgegangen war. Meine Finger und Zehen gefroren zu Eiszapfen, bis die Sonne endlich an Kraft gewann und mich erwärmte.

Bei einer Rast verabschiedete sich dann mein Fahrradständer, er war der Last des Gepäckes einfach nicht mehr gewachsen. Mein Bruder tröstete mich, dass es in Budapest mit Sicherheit einen Fahrradladen geben würde, der Ersatz liefern kann. Bis dahin musste ich bei jedem Halt für das schwere Monstrum einen gut gewachsenen Baum mit ebenem Untergrund suchen – eine einzige Plage.

Bis Budapest folgten David und ich weniger ausgebauten Straßen und Feldwegen immer entlang der Donau, mal rechts, mal links. Dann änderte der Fluss seine Richtung und bahnte sich in einem weiten Bogen einen Weg durch das ungarische Bergland. Eine unbeschreiblich schöne Landschaft, die tausenden Tieren und Pflanzen Heimat war. Die Region zwischen Visegrad und Budapest glich einem wahren Naturjuwel, welches zu ausgiebigen Erholungsstunden einlud. David und ich genossen ein Picknick in den lichten Wäldern am Uferbereich und sogen die wiederkehrende Frühlingsluft ein, bevor wir in der ungarischen Hauptstadt einkehrten und uns dort zwei Tage für Erkundungen niederließen.

Von Budapest aus führte die Route über Hochwasserdämme und unbefestigte Wege nach Mohacs und weiter an die kroatische Grenze. In Kroatien verlief der Donauradweg dann vorrangig durch kleine Dörfer entlang von

Schotterwegen, die Eindrücke der dortigen Gegensätze wirkten fast surreal. Auf der einen Seite fanden sich zerstörte Gebäude mit Einschusslöchern am Straßenrand und erinnerten an den Kroatienkrieg, Schilder warnten vor Landminen und dem Verlassen der Wege, Geisterstädte prägten das Bild. Auf der anderen Seite explodierte die Landschaft förmlich in einem Meer aus tausend Grüntönen, der Nationalpark Kopacki rit war fast unberührt und unbeschreiblich schön, das größte zusammenhängende europäische Sumpf- gebiet an den Donauauen bot zahlreichen Tier- und Pflanzenarten einen geschützten Lebensraum.

David und ich durchquerten diesen kurzen kroatischen Donauabschnitt mit einer gewissen Ehrfurcht. Ich begriff plötzlich, welch wunderbares Geschenk ich in meinen Händen hielt, die gemeinsame Zeit mit meinem Bruder voller Nähe und Wärme in einer Phase, welche normalerweise von Trennung ge- kennzeichnet ist. Letztendlich verbringen Kinder zwar ihr gesamtes Leben damit, sich von den Erwachsenen zu trennen, eine endlose Abfolge von Ab- schieden, aber die Zeit im Teenage-Niemalsland war doch bedeutend. Umso mehr konnte ich dieses kostbare Geschenk schätzen.

Nach dem Grenzübergang gelangten David und ich nach Serbien. Eine Kol- legin von mir stammte aus Serbien und hatte uns darauf hingewiesen, dass Zelten in der freien Natur sehr gefährlich sei, da es in ihrer Heimat unzählige wilde Hunde gäbe. Ich nahm diese Warnung nicht so ernst, doch nur wenige Kilometer nach dem Grenzübertritt tauchten wie aus dem Nichts drei dieser Hunde auf. Ihre Worte hallten noch in meinen Ohren, während David und ich mit den Fahrrädern wirkten wie fliehendes Wild. Die Hunde nahmen sofort die Verfolgung auf, schnappten nach uns, fletschten die Zähne und waren extrem aggressiv. David reagierte geistesgegenwärtig und wehrte den Angriff mit einem unserer Pfeffersprays ab. Der Schreck saß uns aber noch eine ganze Weile in den Knochen. Nach diesem Erlebnis besannen wir uns und suchten fortan für jeden Abend einen sicheren Schlafplatz in einem Dorf statt in der freien Natur.

Auf diesem Weg kamen David und ich sehr schnell in Kontakt mit den Einheimischen. Die Menschen in Serbien lebten in sehr einfachen Verhältnissen, die wenigsten Menschen sprachen Englisch oder Deutsch, sodass wir uns oft mit Händen und Füßen verständigten. Dennoch wurden wir stets herzlich aufgenommen, wenn wir durch die staubigen Straßen Serbiens radelten. Überall wo wir erschienen, waren wir eine Attraktion, denn die meisten Radtouristen beendeten ihre Reise in Budapest. Die Kinder liefen zu ihren Familien, um von unserem Auftauchen zu berichten und so war es oft ein amüsanter Anblick in den kleinen Dörfern, wenn die Neugier sämtliche Bewohner an ihre Gartenzäune lockte, aufgereiht wie an einer Perlenkette, um einen Blick auf die Fremden zu erhaschen. Manchmal wurden wir nur schüchtern beäugt, ein anderes Mal sprachen uns die Einheimischen an, stellten Fragen und luden David und mich auf eine gesellige Rast in ihrem Garten ein.

Diese Gärten unterschieden sich so grundlegend von den Gärten, die jenseits der Schengen-Grenze existieren. Es war, als ob ein Zauberer eine unsichtbare Grenze durch Europa gezogen hatte, um Baumarkt-Monotonie von ursprünglicher Natur zu trennen. Südlich dieser Grenze schien jeder 90-Grad-Winkel im Boden zu versickern und die Anordnung fremdländischer Standardpflanzen in Rindenmulchbettchen war nur eine nebulöse Vorstellung. In den Gärten dort gediehen die Pflanzen einfach ohne großen Erhaltungsaufwand, diese grünen Oasen waren nicht durch einreihige Hecken mit Hausmeisterschnitt von jeglichen Lebensnetzen abgeschnitten, sie wirkten nicht wie leblose Abziehbilder, die sich nicht selbst tragen können. Vielmehr sahen sie aus wie eine verkleinerte Ausgabe der wunderschönen, unberührten Umgebung, so als hätten die Bewohner einfach einen Zaun mitten in die Landschaft gestellt, um sich ein kleines Stück abzuteilen. Schmackhafte Wildpflanzen, fruchtende Heckensträucher, knorrige Obstbäume und üppige Gemüsebeete gediehen neben sanften Blumenwiesen an fallenden Hängen und großen Regenwasserspeicherteichen in den Senken. Alles ging Hand in Hand über, ein wogendes Auf und Ab, die Gärten wirkten wie aus einem Guss. Diese „Wildnis" sorgte nicht nur für einen unglaublichen Artenreichtum, sondern reduzierte zudem auch die Arbeit für den einzelnen – eine Win-win-Situation.

An der serbisch-rumänischen Grenze linksseits der Donau ging es weiter über holperige Straßen und nicht asphaltierte Wege. Dann erschien vor unserem Auge das Eiserne Tor, ein Durchbruch, bei dem die Donau auf nur 200 m Breite verengt wurde. Zu beiden Ufern lag ein ausgedehntes Naturschutzgebiet, in dem sich alpine und mediterrane Einflüsse zu einer außergewöhnlichen Flora vereinigten. Zerr-Eichen, Manna-Eschen, Eiben und Rotbuchen teilten sich dieses große Gebiet mit endemischem Schwimmfarn, Kuhschellen und Grauen Rohrkolben. Zahlreiche Vögel, Schildkröten und Fledermäuse bewohnten die Ufer und Höhlen des Donaudurchbruches und machten das Eiserne Tor zu einem faszinierenden Naturdenkmal.

David kam auf die glorreiche Idee, sich mit einem bloßen Stock, einer Schnur und einem Regenwurm genau hier einen Fisch zu angeln. Mehr als zwei Stunden vergingen, ich hatte mich ausgiebig erholt, der Regenwurm glich mittlerweile einer Wasserleiche, doch ein Fisch hatte nicht angebissen. Bis David plötzlich aufschrie, ich war mir nicht sicher, ob er sich über den Fang freute oder angesichts der bevorstehenden Zubereitung ekelte. Nur 30 Minuten später hatte mein Bruder ein Festmahl zubereitet, frisches Gemüse vom letzten Marktbesuch, Reis und Fisch. Wobei nach Abzug von Gräten und Innereien wahrscheinlich nicht mehr als 10 g Fisch in dem Gericht enthalten waren. Aber nach endlos vielen Abenden mit Hunger oder Keksen und Nudeln war ich überglücklich, dass man auf dem Gaskocher wirklich lecker kochen konnte. Huckleberry und Tom wären vor Neid erblasst.

Die Südkarpaten schlossen sich direkt an, David und ich radelten bergauf und bergab, mit mehr als 30 Kilo Gepäck und teilweise ordentlich Seitenwind. In diesem Abschnitt lagen nur noch vereinzelt kleine Dörfer am Donauufer, die Stille wurde lediglich durch die Rufe von Raubvögeln unterbrochen. Dann überholte uns auf einer der staubigen Pisten ein Pferdekarren.

Ich konnte meinen Augen kaum trauen. Der freundliche Bauer nahm uns einige Kilometer mit, sodass David und ich etwas rasten können. Meine Knie zeigten langsam Ermüdungserscheinungen und auch das Fahren in der Hitze war nicht ohne. Entspannt an meine Gepäcktaschen lehnend, konnte ich die Landschaft aufsaugen. Moosgrüne Hänge in denen die tief stehenden Wolken einzutauchen schienen, kleine Wasserfälle und vereinzelte Felsen offenbarten die wahre Schönheit dieser Region.

In einer kleinen Ortschaft wurden wir von einem älteren Ehepaar ins Haus gebeten. Auf eine Rast. Und einen Plausch. David und ich erhielten unsere erste Lektion Rumänisch: „Prost" bedeutete hier so viel wie „Idiot", man stieß mit einem freundlichen „Norok" an. Jozef und Irina beherrschten etwas Deutsch und schon bald wurde klar, dass wir das Angebot, unser Nachtlager in der guten Stube des Ehepaares aufzu-  schlagen, annehmen würden. Und zwar exakt in dem Moment, als uns der nette Jozef erzählte, dass Dorfbewohner die Bären aus den Wäldern immer gezielt mit Fleischresten am Waldrand füttern, damit diese nicht bis in die Ortschaften zur Futtersuche vordringen.

Wir fuhren weiter, stets entlang der rumänisch-bulgarischen Grenze. Immer wieder schweifte mein Blick über die Baumspitzen der dunklen Wälder hinauf zu den mächtigen Berggipfeln. Von unserer Straße zweigten hier und dort kleine Wege ab, manche führten zu Höhlen, in denen sich Mönche zum Gebet zurückzogen, andere zu winzigen Kapellen, die von Hirten als Zufluchtsort bei Unwetter aufgesucht wurden. Morgens, wenn sich der Tau sanft auf das Gras legte, ein warmer Luftstrom den neuen Tag ankündigte und die Wolken lebhaft den Himmel durchzogen, dann genoss ich die Stille. Wohlwissend, dass es irgendwann den Showdown geben würde und dann wäre diese Zeit des Dahinplätscherns vorbei.

Die Südkarpaten waren der Inbegriff für unberührte Natur und interessanter Vegetation. Fast die gesamte Wegstrecke begegneten wir keinem einzigen Fahrradtouristen, David und ich fuhren weitestgehend allein. Wir redeten über Liebe, Alkohol, Kontrolle, Putin, Männlichkeit, Freundschaft, Hitler, Drogen, Tattoos, Bildung, Muskelaufbau, Permakultur, Miley Cirus, Homosexualität, Vertrauen, Pornographie, Veganismus und Familie. Ich sog diese Gespräche auf wie ein Schwamm, wohlwissend, dass David schon bald nicht mehr der Junge war, der sich offen anvertraute, dass es einen Moment geben würde, an dem er sich das Kleid des Kindes abstreift wie eine Schlange ihre Haut und aus dieser Reise wie auch aus unserer Verbindung herausgewachsen war.

Die nächsten Tage radelten wir den Donauradweg abwechselnd auf der rechten und linken Seite. Die Walachei kannte ich bis dahin nur sprichwörtlich, symbolisch für „irgendwo im nirgendwo". Und tatsächlich war dieser Landstrich geprägt von Weite, Stille und Natur. Steppenlandschaften mit bizarren Strauchformationen, denen Gräser, Therophyten und Wildkräuter beigemischt waren, hier und da unterbrochen durch lichte Laubwälder und vereinzelte Heckensäume und nur begrenzt durch den Himmel, der jeden Morgen in ein strahlendes, helles Blau überging während sich der Mond verabschiedete. Wenn wir uns früh auf die Fahrräder schwangen, erlebten wir häufig noch, wie sich Dachse und Füchse verabschiedeten und das weite Land den Großtrappen, Steinadlern und Rothirschen überließen. Dann streichelte der sanfte Wind das Gras und die Sonnenstrahlen tauchten den morgendlichen Nebel in ein phantastisches Rot.

Die Dörfer der Walachei konnten als Wiege der Improvisation angesehen werden. Windschiefe Häuser wurden durch eine bunte Fassade aufgehübscht, kaputte Zäune mithilfe von Holzresten ausgebessert, die Gärten der Bewohner waren ein Sammelsurium aus Dingen, die viele andere weggeworfen hätten. Ich weiß nicht, woran es lag, ob nur das Geld fehlte. Vielleicht musste die Zeit zwischen Eintönigkeit und

Langeweile schlichtweg gefüllt werden, damit die Tage mit gähnender Leere nicht mehr so furchtbar lang wirkten. Viele Provisorien weilten augenscheinlich schon mehrere Jahre an Ort und Stelle, die Menschen stellten sich nicht in Frage oder versuchten, „in" zu sein. Die Dörfer wirkten weder fantastisch noch öde, weder alt noch neu, weder besonders noch lächerlich, sie waren einfach wundervoll normal.

David und ich wurden immer wieder eingeladen und tauchten in die Welt der Menschen ein. Unter schattigen Obstbäumen, inmitten wilder Natur, tischten uns die Einheimischen regionale Spezialitäten auf. „Norok" geriet keinesfalls in Vergessenheit, denn jedes Essen war von einem oder mehreren Gläschen begleitet. In mir keimte die Vermutung, dass letztendlich jedes Obst hier irgendwann in flüssiger Form in einer Flasche landete – auch eine mögliche Verwertungsform der eigenen Ernte. Während ich in lustiger Gesellschaft saß, blickte ich mich immer in den Gärten um und versuchte zu erahnen, was diesen elementaren Unterschied zu den deutschen Gärten ausmachte. Die Zonierungen? Die Natürlichkeit? Die Verbindungen?

Einmal bat uns ein jüngerer Mann zu sich herein, nur kurz. Michal erzählte uns, dass er schon einmal in Deutschland gelebt hatte. Mit einem Lastwagen sei er illegal eingereist, damals, als es noch Grenzkontrollen gab. Zu fünft hätten sie mehrere Tage und Nächte in dem stickigen Hänger des Lasters verbracht, Essen und Trinken musste jeder selbst mitbringen, ein Eimer diente als Toilette für die gesamte Reise. Vollkommen erschöpft kam Michal in Deutschland an und beantragte Asyl. Seine Familie hier in der Walachei zählte auf ihn, alle glaubten, dass er mit seinen Verdiensten den Eltern und Schwestern in der Heimat ein besseres Leben finanzieren könnte. Doch die Realität sah anders aus. Jeden Morgen fand er sich auf dem Arbeiterstrich wieder, um auf Baustellen für einen Hungerlohn zu schuften. Nach 6 Monaten wies man ihn aus, Armut sei kein Grund, um Asyl zu erhalten. Und so blieb Michal in der Walachei, ohne Arbeit und ohne Perspektive. David half ihm, den Hühnerstall zu reparieren, das war schon längst überfällig, doch es mangelte an jungen Männern. Die beiden verbrachten fast einen halben Tag im Garten. Ich konnte nicht ausmachen, worum sich ihre Gespräche drehten, doch sie unterhielten sich auf Augenhöhe, ihre Körperhaltung strahlte Respekt und Anerkennung aus, die Gesten wirkten kraftvoll und klar. Es war die Art von Kommunikation, welche vor allem Heranwachsende so lieben. Jeder ist sich im Klaren darüber, dass die jungen Menschen noch weit entfernt vom Erwachsensein sind, doch es gefällt ihnen, so zu tun, als hätten sie die gleichen Privilegien und dieselbe Lebenserfahrung.

*1*

Nach und nach ließen wir die Walachei hinter uns und rollten in die Dobrudscha ein, eine historische Landschaft zwischen Rumänien und Bulgarien, welche direkt ans Schwarze Meer grenzt. Es war ein schöner Weg, der den stetigen Wechsel von Sumpfgebieten und Trockensteppe auch in seiner Beschaffenheit zum Ausdruck brachte. David und ich fuhren auf sandigen, trockenen Pisten und blieben nur wenige Kilometer weiter in morastigen Wegen stecken. Das einzigartige Mikroklima bringt Bauern hier dazu, die Vegetation vereinzelter Areale abzubrennen, um darauf Weizen, Gerste, Mais, Sonnenblumen, Gemüse oder Wein anzubauen.

Abends fanden wir gemütliche Plätzchen für unsere Zelte in der Nähe der Donau. Wir freuten uns stets, endlich den Staub und den Schweiß des Tages abstreifen zu können und wurden heimtückisch von Heerscharen blutrünstiger Mücken überfallen. An diesen Abenden in der Dobrudscha stellten wir in Rekordzeit unsere Zelte auf.

Dann kündigten Lagunen und Fluss-Sandbänke langsam das Donaudelta an. Auch wenn die Strecke über den Sfantu-Gheorghe-Arm einen kleinen Umweg darstellte, so entschieden wir uns dennoch, uns auf diese Weise dem Schwarzen Meer zu nähern. Denn an der nördlichsten Grenze der Dobrudscha waren menschliche Eingriffe am wenigsten sichtbar, sodass David und ich durch eine reiche Pflanzen- und Tierwelt fuhren. Das wilde Netz aus Seitenarmen, die sich als kleine Flüsse und Kanäle formierten, bestimmte das Bild. Viele Ökosysteme verbanden sich zu einem einzigartigen Lebensraum aus Schilf, Inseln, Seen, Auwäldern, Biotopen, Deichen und Dünen. Hier versteckten sich Schildkröten und Wassernattern, Eidechsen huschten über den Weg, während Habichte, Geier und Falken geeignete Nistplätze suchten. Zum ersten Mal begegnete ich einem Mink und konnte Marderhunde aus nächster Nähe beobachten. Ziesel und Kormorane waren in dieser Region häufig anzutreffen und auch nicht scheu. Zuletzt gelangten David und ich über den Donau-Schwarzmeer-Kanal in den Refugialraum, der seit einigen Jahren zum UNESCO-Weltnaturerbe zählt.

Tulcea war unser Ziel, David und ich suchten eine Herberge für zwei Nächte, damit wir ganz ankommen konnten. Vom Fahrrad stiegen wir auf traditionelle Holzboote um, da man auf diesem Weg ökologisch verträgliche Routen im Donaudelta unternehmen kann ohne die Flora und Fauna zu stören. Die glatte Wasseroberfläche gewährte einen phantastischen Blick zu tieferen Wasserschichten und offenbarte Schleien, Brassen und Rotfedern sowie viele andere Fischarten, die teilweise nur zum Laien ins Donaudelta vordringen. Pelikane und Kraniche erhoben sich majestätisch in die Lüfte, um sich nur unweit wieder zur Futtersuche niederzulassen. Einige Vogelarten wie Schwarzhalstaucher und Schnepfen hatten zu dieser Zeit Jungtiere und wir konnten mit ein wenig Geduld diese neben uns schwimmen sehen.

Nach einer sehr intensiven Zeit packten David und ich die Fahrräder und traten am 25. Juni den Heimweg an. Fast genau 3 Monate nachdem wir gestartet waren. Der Zug sollte uns noch einmal durch die vielen Stationen, welche wir bis hierhin durchfahren hatten, führen und nach Hause bringen. Friedlich saßen wir im Abteil, der Wind wehte durch das offene Fenster und der Vorhang flatterte wie zum Abschied. Die sanften Hügel der Walachei, die tiefen Schluchten der Südkarpaten, Belgrad, Budapest und Wien - alles zog am Fenster vorbei. Ich ließ die Eindrücke dieser wunderschönen Reise noch einmal Revue passieren.

## 8

David und ich waren noch keine Woche zuhause, da klingelte mein Telefon: Ich hätte mich auf eine Parzelle im Kleingarten beworben, ob mein Interesse noch aktuell sei, denn es wäre etwas frei. Die Anfrage hatte ich im Herbst eingereicht, um meinen kleinen grünen Balkon zu erweitern. Doch der etwas plötzliche Anruf überraschte mich. Mir war klar, ich würde hinfahren und mir einen Eindruck verschaffen, um dann höchstwahrscheinlich zu entscheiden, dass ich aktuell doch keinen Garten bräuchte.
An einem heißen Julitag erschien ich am Eingangstor, David begleitet mich, ein Vorstandsmitglied empfing uns.

Die Frau war freundlich, holte den Schlüssel aus ihrer Tasche, öffnete das Tor und ging hindurch. Ich lief hinterher, krachend fiel die schwere Eisentür ins Schloss und dann wurde ich verschluckt von Eindrücken. Ich musste mich zwingen, der Vorstandsdame zu folgen, denn ich wäre an jedem Gartenzaun stehengeblieben, um Einblicke in die kleine Subkultur zu erhaschen.

Kurz und knapp zeigte sie uns die erste Parzelle. Ein wenig schnöselig für meinen Geschmack, viele Gartenzwerge, ein großer Grill, ein Pavillon, gefüllte Rosen mit Lavendelbett, tausend Zwergbäume in einem Traum aus grünem Teppich. Traue keinem Garten, der ohne Unkraut ist. Die Dame fragte mich, ob ich Bedenkzeit bräuchte oder gleich die zweite Parzelle sehen wolle. Ich unterdrückte meine grüne Sehnsucht und ging zu Garten Nummer zwei.

Eine Parzelle wie aus dem Schrebergartenbilderbuch. Der Weg, bestehend aus zwei Reihen Waschbetonplatten, führte geradewegs durch den Garten vom Eingang zur Terrasse. Die Laube, rustikal, mit Holzvertäfelung, Wetterhahn und Sichtschutz nach vorne war in einem sehr guten Zustand, wirkte aber unglaublich abgeschottet und trist. Die seitliche Begrenzung war eine

Rabatte, exakt so breit wie die Randsteine lang, sauber im rechten Winkel am gesamten Gartenzaun entlang verlegt und mit Blumen aus dem Supermarkt bepflanzt. Fast so, als wären die eigenwilligen Gartensünden ein Sinnbild für deutsche Gründlichkeit und Ordnung.

Dann fiel es mir wie Schuppen von den Augen, ich erkannte, was den Zauber der Gärten auf unserer Reise ausgemacht hatte. Es war die Art, wie die Menschen die Natur schützten statt sinnlosen Raubbau zu betreiben, sie waren mit ihren Gärten verbunden in einer Art und Weise, die als nachhaltig, selbsttragend und dauerhaft bezeichnet werden konnte. Sie hielten in ihren Refugien die natürlichen Ressourcen gesund und nutzten sie in einem vertretbaren Maß – so wurden aus den Gärten wilde Orte, voller Vielfalt und stets in Kontakt mit der Umwelt. Das Ziel der Menschen war nicht primär, die eigenen Bedürfnisse zu decken, sondern vorrangig für „ihr" Land zu sorgen, damit es erhalten blieb und den Überschuss ihrer Arbeit betrachteten sie dann als Ernte oder Tauschartikel. Ob Serbien, Rumänien oder Ungarn – die Menschen dort bemühten sich, ihre Lebensgrundlage „Garten" mit verfügbaren Mitteln zu versorgen, Kompostwirtschaft, Regenwasserspeicherung, Recycling alter Materialien sowie Saatgutvermehrung, statt immer wieder den sinnlosen Einsatz von unnötigen, energieintensiven oder umweltschädlichen Produkten zu zelebrieren. Jeder einzelne brachte Kreativität, Neugier, Wissen, Zeit oder Experimentierfreude mit und im regen Austausch mit Verwandten oder Nachbarn entstand ein Netz von Permakulturisten – wahrscheinlich ohne, dass es ihnen bewusst war. Selbst ich erkannte es erst retrospektiv.

Ob ich mich schon entschieden habe, meinte die Vorstandsfrau und riss mich aus meinen Gedanken. Sie nimmt diesen, war Davids Antwort. Die Chefin der Kleingartenanlage schüttelte unsere Hände, so kräftig, als packe sie gerade eine Schubkarre. Irgendwie war mir ganz feierlich zumute, am 7. Juli 2012, denn ich hatte nun einen Garten.

David begleitete mich wenig später zur Bestandsaufnahme in Bezug auf Grundstück, Gebäude, Pflanzen, natürliche Rückzugsorte, Boden, Mikroklima, Wasser und andere Ressourcen. Es war ernüchternd: Das Supermarkt-Pflanzensortiment verlor allmählich schon wieder an Schönheit und Glanz, Stauden waren lediglich einige Fetthennen und mehrere Pfingstrosen zu verzeichnen. Ich erkannte in den halbwilden Büschen Johannisbeeren und Himbeeren, Pflanzen, die offensichtlich seit vielen Jahren nicht ausgelichtet wurden. In den Weg ragten mehrere Ranken einer Rose, die an der Basis verkahlte und lediglich im obersten Bereich einige gefüllte Blüten hervorbrachte. Üppige Sisalagaven, die neben der Schwengelpumpe wuchsen, machten deren Nutzung unmöglich. Der Platz, an dem einst ein Gewächshaus stand, trumpfte kahl im Rasen. Die Terrasse war eine Aneinanderreihung verschiedener Betonplatten, uneben und durchzogen von Disteln und Ackerschachtelhalm. Viel Potenzial, meinte ich. Viel Luft nach oben, meinte David. Wir besorgten Grabegabel, Schaufel, Schubkarren, Gartenschere, Hacke, Grubber, Besen, Gießkannen, Schläuche und Astsäge, luden sämtliches Werkzeug von zuhause ein und brachten alles in den Garten.

Sorgsam überlegte ich, wo anzufangen war. Mir schwebte ein Garten vor, ähnlich wie ich sie zuhauf bei unserer Donau-Reise gesehen hatte oder wie die aus meiner Kindheit. Es ging mir aber nicht darum, rasch viele Tipps zusammenzutragen, um schnell eine Vorzeige-Parzelle präsentieren zu können. Vielmehr wollte ich erst einmal gut beobachten, bevor ich effektive und langfristige Entscheidungen traf. Ich nahm mir vor, meine Faszination für die Flora und Fauna beizubehalten und aus dieser mit Geduld und Kreativität einen Garten zu gestalten, auf Augenhöhe mit der Natur, im Sinne einer Permakultur.

# 9

Bei Permakultur geht es darum, selbst regulierende und robuste Systeme zu schaffen, die eine Vielzahl von Pflanzen und Tieren beherbergen, von der Menschen profitieren können. Alle Elemente (Obstbäume, Gemüsebeete, Sträucher, Begrenzungen, Wasserstellen, Werkstätten, Nützlingsunterkünfte, ...) in dem Garten sind jedoch nicht voneinander getrennt, sondern fließen ineinander über, sodass eine Einheit entsteht. Die Natur wird nicht außen vorgelassen, sondern bewusst integriert, um Vorteile durch Schädlingsbekämpfung, Bestäubungsleistung, Unkrautunterdrückung oder Nährstoffregulation nutzen zu können. Wichtige Ressourcen werden geschont, indem die Gärtner und Gärtnerinnen beispielsweise Regenwasser speichern, Beete mulchen oder in Mischkulturen anbauen. Vielfalt, ob bei der Pflanzenauswahl, bei der Nutzung der Materialien oder bei der Gestaltung der Elemente, ist ein entscheidendes Kriterium. Auch die Sukzession, also das Abwarten, inwiefern sich die natürlichen Bereiche entwickeln und positiven Einfluss auf die menschlich intensiv genutzten Bereiche nehmen, spielt eine wichtige Rolle. Zudem wird bei der Permakultur auch für einen gerechten Umgang zwischen den Menschen plädiert, sodass Konsumentscheidungen nicht nur von den eigenen Bedürfnissen abhängig gemacht werden. Das Teilen von Überschüssen stellt zudem eine mögliche Lösung für eine fairere Welt dar. Was sehr poetisch klingt, funktioniert jedoch im Kleinen sehr gut. Denn Permakultur ist nicht nur eine Gestaltungsart für Gärten, sondern vielmehr eine Lebensweise, die Achtsamkeit und Verantwortungsbewusstsein voraussetzt.

Die etwas radikalere Umgestaltung eines „eingewachsenen" Gartens nach permakulturellen Aspekten inmitten einer Kleingartenanlage zog selbstverständlich jede Menge Aufmerksamkeit auf sich. Doch ich war der Meinung, die tiefgreifende Wandlung in einem bestehenden System könne vielleicht auch Früchte tragen und irgendwann zu einem Selbstläufer werden. Denn die meisten Parzellen waren, wie die Gärten der Hausbesitzer und

Hausbesitzerinnen, private, abgeschottete Areale, ohne Vielfalt, ohne Leben. Ich wollte hingegen einen revolutionären Garten, der sich öffnet, einen Ort, der Lebensräume und Menschen, Wohlbefinden und Gesundheit vereint.

Sofort war ich in der Situation, mich erklären zu müssen: Ein Permakultur-Garten lebt als ein System, in dem alle Elemente in wechselseitiger Beziehung zueinanderstehen. Fragende Blicke. Gärtner und Gärtnerinnen wirken lediglich unterstützend, sie interagieren achtsam und machen Entscheidungen von den Beobachtungen abhängig. Noch immer Ratlosigkeit. Das Ziel der Permakulturgärten ist die Selbstversorgung mit Obst, Gemüse, Kräutern und so weiter unter sinnvollem Energieaufwand, damit mehr Ressourcen und Räume übrig bleiben für die Natur, aber auch mehr Zeit für den Menschen. Aha. Es geht darum, über den Tellerrand zu sehen und Zusammenhänge, Lösungen und Strategien zu erkennen, die der Erde und den Gartenbesitzern zugutekommen. Na dann!

Ich informierte mich ein wenig über strategisch sinnvolles Vorgehen und sammelte viele neue Erkenntnisse im Hinblick auf die Umgestaltung eines toten Gartens zu einem Permakulturgarten: Alle Elemente stehen in ständigem Austausch miteinander und mit der Umwelt, sodass jede Materie irgendwie immer im Kreislauf ist. In unseren Breiten werden die meisten Dinge jedoch nur produziert, um sie nach einmaliger Verwendung zu entsorgen: Verpackungen, Rasenschnitt, Werkzeuge, etc. Die überfüllten Mülldeponien sind Sinnbild für die Verschwendung von Zeit, Energie und Ressourcen. Permakultur hingegen versucht, dieses Denken zu durchbrechen und durch Vielfalt an Lebensräumen, Mischkulturen, Recycling von Materialien sowie der Rückführung von organischem „Müll" dem entgegenzuwirken.

Konventionelle Gärten sind größtenteils zeit-, energie-, arbeits- und abfallintensiv, daher ist Planung eine elementare Grundlage, wenn ein Permakulturgarten entstehen soll. Nur so ist es möglich, langlebige, ressourcenschonende und vielfältige Ökosysteme aufzubauen, die zugleich auch produktiv für alle sind. Statt sofort tabula rasa zu machen, bündelte ich also meine

Vorstellungen und Wünsche, fertigte eine Ortsanalyse und machte erste Entwürfe. So entstand ein Bild, in dem die Details miteinander ein Muster ergaben, zueinander in Beziehung standen und ineinanderflossen. Da das Projekt einer Mammutaufgabe glich, arbeitete ich einzelne Prioritäten heraus. Die Architektin in mir war geboren: Gemüsebeete, Regenwasserspeicherung, Obstbäume, Kräuterspirale, Sitzplatz, Gartenteich, Kompostanlage, überdachte Arbeitsecke, Wildniszone – alles sollte irgendwann Platz finden.

Die Begrenzungen waren mir der größte Dorn im Auge, sodass David und ich anfingen, diese zu entfernen. Ich unterschätzte diese schwere körperliche Arbeit, denn mir war nicht klar, dass eine einzige Randsteinbegrenzung mit der Größe von 100x40 cm die Hälfte meines Körpergewichtes ausmachte. Dafür konnte ich David umso mehr dafür begeistern, echte Männerarbeit eben. Innerhalb einer Woche war die Terrasse an der Laube um einen großen Plattenhaufen reicher. Was eigentlich als Provisorium gedacht war, hatte dann viele Jahre Bestand. Erst zogen Eidechsen ein und beanspruchten die moderne Trockenmauer für sich. Später bedienten sich mehrere Gartennachbarn an unserer Zwischendeponie für Ausbesserungsarbeiten an ihren eigenen Terrassen. Dann wurde das Ganze von meinen Kindern zum Spielparadies umfunktioniert, Eisverkaufsstand, Piratenhöhle, Forscher-Basiscamp, bis die Platten letztendlich als Kompostumrandung ihre Bestimmung fanden. Ohne Begrenzung wirkte der Raum viel größer und ich unterteilte ihn in mehrere Zonen mit unterschiedlicher Nutzungsintensität. Denn Ressourcen zu schonen, bedeutet in der Permakultur auch Arbeit zu reduzieren. Und so wurden in der Nähe der Schwengelpumpe bereits die ersten wichtigen Elemente Gemüsebeet, Naschbeerensträucher und Kompostanlage installiert.

David war schon bald ein gern gesehener Gast in der Kleingartenanlage, er half hier etwas zu reparieren und schnitt dort fachmännisch die Sträucher. Besonders die älteren Gärtner und Gärtnerinnen profitierten von seiner jugendlichen Kraft und gaben ihm das Gefühl, gebraucht zu werden, wichtig zu sein. David genoss es, ich sah es ihm an. Und ohne es zu merken, beeinflusste er auch die anderen Menschen in einer Art und Weise, die ich als tiefgehend und nachhaltig beschreiben würde. Denn in regelmäßigen Abständen kam jemand an meine Parzelle, der dann die Schwengelpumpe reparierte, mir Sand aus seinem ungenutzten Enkel-Sandkasten anbot oder nach einem Sturm ein paar Scheiben des zerstörten Gewächshauses übrig hatte.

Auch die Wildniszone nahm bald Gestalt an. David und ich stachen Rasen ab und vergrößerten den Grenzbereich deutlich mit Hügeln, Senken, breiten und schmalen Arealen. Randzonen sind einfach ideal, um verschiedene Elemente wie Stauden, Sträucher und Blumen mit Lebensbereichen zu vereinen und so eine Wildniszone zu schaffen. Ich hob eine tiefe Mulde aus und David füllte diese mit dem alten Sand, sodass Insekten hier ein Platz zur Eiablage vorfanden und Vögel ein ausgiebiges Bad nehmen konnten. Zudem installierten David und ich noch im ersten Jahr an den Grundstücksgrenzen einige „wilde Haufen" mit Astschnitt, Baumstümpfen und Steinen, in denen sich Florfliegen, Marienkäfer, Wildbienen und andere Nutztiere ansiedeln konnten, vermischt mit insektenfreundlichen Stauden, die mir geschenkt wurden und die ich gezielt vermehrte. Wildniszonen, weit entfernt vom Gartengeschehen, am besten in verschiedenen Bereichen, bieten Raum für Natur und schenken uns Zeit und Freiheit.

# 10

Es war Anfang September, David und ich hatten den gesamten Sommer fast täglich in der Parzelle verbracht. Die Sonne brannte nicht mehr so erbarmungslos, die Nächte wurden kühler und das Licht veränderte sich langsam – es wurde Herbst. Ich bereitete mich allmählich auf das beginnende Studium vor. Und dann geschah etwas, das sich anfühlte, wie der Punkt am Ende des Satzes. Ich dachte, ich würde David kennen, besser als viele andere, glücklich, traurig, erleichtert, wütend, sorgenfrei, bekümmert, stolz, bedrückt – doch ich wurde eines Besseren belehrt. Letztendlich zog er wieder einmal ein Kaninchen aus seinem Hut, eine Überraschung, womit ich nicht gerechnet hatte: er verkündete mir, dass er wieder zur Schule gehen werde.

Ich zweifelte, ob David es wirklich durchhalten würde. Stunden um Stunden im Unterricht, Hausaufgaben, Lernen. Und das nach einem halben Jahr Pause, von den geschwänzten Monaten ganz abgesehen. Sein Klassenlehrer orderte ihn zudem bis zu den Winterferien an drei Nachmittagen in der Woche in die Schule, um das Versäumte nachzuholen. Es war ein harter Herbst, voller Entbehrungen und ohne Pausen, David saß viel und lang an seinem Schreibtisch. Manchmal sprang er auf, kochte vor Wut, die Frustration ließ ihn beben. Er fegte seinen Tisch leer und verließ die Wohnung. Oft ging er in den Garten. Mit der Schubkarre lief er zu einem Feld in der direkten Nachbarschaft und brachte große Steine, welche der Bauer zum Schutz seiner Maschinen daraus verbannt hatte, in die Parzelle. Er baute mehrere Trockensteinmauern in die Randzone, einige hoch und bereit mit Pflanzen in den Fugen, andere tief in die Erde gelassen und schmal stets mit ausreichend Wasserwegen für Kleinstlebewesen. Es war ein Projekt des Herzens, er lenkte seine eigenen Emotionen im Garten in die richtige Richtung.

Im Frühjahr bewarb er sich für eine Ausbildung bei der Bundespolizei. Ich war mir nicht sicher, ob er es schaffen würde. Hatte David im letzten Jahr, in dem er fast ausschließlich Zeit mit mir verbracht hatte, etwas gelernt? Und war das überhaupt von Relevanz? Er wusste, dass die Republik Moldau über einen 500 m kurzen Donauabschnitt verfügte, aber konnte er auch dessen Bedeutung für das Land erahnen? David hatte erfahren, dass einige Menschen in Rumänien als „Deutsche" galten, aber wusste er auch warum? Er hatte erlebt, dass Bären, Wölfe, Luchse und viele andere Tiere noch die osteuropäischen Wälder besiedeln, aber wusste er auch, dass die Abholzung, um die Nachfrage aus Deutschland nach billigem Holz zu stillen, genau diesen Lebensraum zerstörte? Dass einige europäische Länder nicht zum Schengen-Raum gehören? Dass Ungarn sich als Demokratie ausweist, aber gleichzeitig ausschließlich Asylsuchende mit christlichem Glauben aufnimmt? Dass der „Jugoslawien-Krieg" vor nicht allzu langer Zeit tobte und viele junge Menschen in seinem Alter diesen hautnah erlebt hatten, die Gewalt also keine geisterhafte Gestalt in den Köpfen der alten Menschen war? Und was sonst?

David fuhr zu dem Eignungstest, er war mit 80 anderen Bewerbern dort. Am Abend verlor er nicht viele Worte darüber und ich fragte nicht viel. Ich hatte den Eindruck, dass Schweigen die geeignetste Methode war, damit er sich öffnete. Der große, weiße Umschlag, welcher nur wenige Tage später bei uns im Briefkasten lag, brachte David ins Schwitzen. Ich konnte kaum zusehen, wie er mit zittrigen Fingern das Schreiben überflog – er war angenommen. Sie schrieben, dass er das beste Ergebnis beim Allgemeinbildungstest erreicht und sich im persönlichen Gespräch eloquent, ehrlich und wesensstark präsentiert hatte, dass sie sich freuen würden, wenn er sich für diese Ausbildung entscheidet. Ich konnte es nicht fassen, wieder einmal hatte ich mich in ihm geirrt, so wie das scheinbar öfter beim Zusammenleben mit Jugendlichen passiert.

Die Abschlussprüfungen in der Schule ließen mich noch weniger schlafen als David. Ich wusste, dass er sein Bestes versuchen würde, doch war mir nicht sicher, ob es reichte. Ob es genug war, um ihm den Weg in ein selbstbestimmtes Leben ebnen zu können. Doch er bestand, nicht sonderlich ruhmreich, aber das war zweitrangig. Es genügte, um die Ausbildung beginnen zu können.

David zog in das Wohnheim der Bundespolizei. Anfangs kam er noch oft vorbei, dann wurden seine Besuche seltener und plötzlich war David ein Gast. Einmal sagte er, dass er mir großen Dank schulde, neben dem vielen Geld, dass er nicht sicher wäre, was ohne die Liebe, den Zuspruch und der Wertschätzung aus ihm geworden wäre. Es berührte mich, wie er die Welt sah, was er von sich preisgeben konnte. Es ist wirklich eine seltsame Phase, diese Pubertät, eine Zeit zur Schwelle des Erwachsenseins, in der die jungen Menschen manchmal unbeholfen wirken und unglaublich verletzlich sind. Die Erfahrungen, welche sie in diesem Zeitraum dann machen, hinterlassen einen so tiefen Eindruck und prägen sie oft für ihr gesamtes Leben. Vielleicht weil ihr Innenleben einfach, im Gegensatz zu der Maskerade, die sie nach außen tragen, ganz weich ist, wie noch flüssiger Zement.

Anfangs musste ich oft an die Zeit denken, die wir so intensiv miteinander verbracht hatten. Eine magische Zeit, die sich nie mehr wiederholen wird und die ein Glücksfall für uns beide war. Die Erinnerung daran stimmte mich ein bisschen wehmütig. Jetzt hatte er sich abgenabelt, er hatte einen neuen Lebensabschnitt begonnen. Ich fand es tröstlich, dass so viele Erinnerungen an ihn doch in dem Garten verewigt waren. So als wäre ein Teil von ihm im Geiste noch da.

## 11

Und so arbeitete ich alleine weiter an der Vision eines Permakulturgartens. Im Laufe der Zeit entwickelte und veränderte sich das Bild und es entstand ein bunter Ort der Vielfalt. Schritt für Schritt wuchsen die Elemente, meine Wünsche und Ideen waren nicht fix, sondern wurden an flexibel an die natürlichen Prozesse angepasst. So kreierte ich charakteristische Pflanzengesellschaften neben interagierenden Tiergesellschaften. Der Weg von kugelförmig geschnittenen Buchsbäumen, versiegelten Betonwüsten, kurzgeschorenem Rasen, überflüssigem Düngereinsatz und einem verstaubten Ordnungsbild kann in einer Schrebergartenkolonie fast als revolutionär betrachtet werden. Doch wenn sich im Frühling Farben, Blüten, Duft und Vogelgesang ein Stelldichein gaben, wenn im Sommer morgens der dunkle Vorhang der Nacht zur Seite geschoben wurde und die Sonne einen hellen Scheinwerfer auf die Fülle des Gartens richtete, wenn im Herbst in jeder Ecke eine Explosion stattfand, als wolle sich der Garten mit einem Feuerwerk in die Ruhe verabschieden und wenn im Winter der Schnee die leblosen Stängel in imposante Statuen verwandelte, die den Garten wie ein Theater mit floralen Statisten erscheinen ließ, dann schien alles richtig. Es war die Vollständigkeit des Seins.

Die schwierigste Aufgabe bei der Gestaltung eines Permakulturgartens war meiner Meinung nach nicht die Reduktion von Konsum, das Wiederverwenden von Materialien, die Nutzung regionaler Ressourcen, das Einbeziehen biologischer Mitarbeiter oder die Gestaltung nach den Bedürfnissen der Natur. Ich finde die größte Herausforderung war, die Beziehungen zwischen den einzelnen Elementen herzustellen. Denn jede Zone hatte ihre eigenen Bedürfnisse und funktionierte in sich gut, doch gleichzeitig lieferten diese Zonen auch Produkte, welche für andere Elemente notwendig oder sinnvoll waren. Diese intensive Wechselwirkung zu unterstützen, indem man die Zonen räumlich sinnvoll verbindet, war eine echte Aufgabe. Denn ein Permakulturgarten sollte sich an natürlichen Ökosystemen orientieren, sowohl im Aufbau als auch in der Funktionsweise. Nur dann konnten alle Lebewesen profitieren, die Selbstregulierungsfähigkeit blieb erhalten und es entstand so gut wie kein Abfall.

Ich führte mir also vor Augen, dass die vielseitige Nutzungsmöglichkeit jeder Sache ein Kernkriterium sein muss. Was eben dann nicht mehrere Funktionen erfüllt, hatte in dem Garten nichts verloren. Ein Kräuterbeet war also demnach Nahrungsquelle für Insekten und diente der Versorgung der Menschen, stand aber auch in Verbindung zum „kalten Kasten" während der Aufzucht und dem Trockner-Regal nach der Ernte, schaffte einen sanften Übergang von Gemüsebeet zur Trockensteinmauer und wurde von Regentonne und Komposthaufen versorgt.
Es war ein Versuch, Obstbäume, Beerensträucher, Beete, Rasen, Terrasse, Stauden und Wildniszonen miteinander zu verflechten und ein buntes, interagierendes Mosaik zu schaffen. Dabei war es von Bedeutung, die Eigenheiten eines Grundstückes wie Böschungen, Hänge, Senken, Schatten oder Sonnenbeete sinnvoll die Gestaltung mit einzubeziehen, statt sie mühevoll zu verändern. Zudem wurden vorhandene Ressourcen, beispielsweise Wasserpumpe, bestehende Pflanzenbestände, wilde Ecken, Beetbegrenzungen, Steine oder Holz, genutzt oder getauscht statt neue Baustoffe zu kaufen. Manchmal fiel es mir schwer, denn der Tatendrang war größer als die Geduld, doch ein wenig Beobachtung und Zeitnehmen zahlte sich stets aus – mit produktiver Sukzession.

Der Platz, an dem früher ein Gewächshaus stand, war mager und der Rasen zerstört. Ich raute die Oberfläche etwas an und säte jedes Jahr eine Blumenwiese darauf. Im Gemüsegarten feierte ich die Misch- und Folgekultur, nicht nur aus Gründen des Ernteerfolges und der sinnvollen Wasser- und Nährstoffnutzung, sondern auch um den Flächenbedarf zu reduzieren, damit mehr Platz für Natur und Wildniszone blieb. Rankhilfen und Stützkonstruktionen gestaltete ich mit abgeschnittenen Zweigen oder aus Holzresten. Zwischen die Stauden gesellten sich nach und nach auch robuste, mehrjährige Pflanzen, je nach Standortvorlieben Dost, Sonnenhut, Sonnenbraut, Indianernesseln,

Stockrose, Kugeldisteln, Astern oder Veronica sowie Walderdbeeren, Wald-meister, Polsterthymian, Elfenblumen oder Storchschnabel als Bodendecker und Heckensträucher wie Johannisbeere, Apfelbeere, Schlehe, Holunder und Quitte. Hinter den gestapelten Platten auf der Terrasse durften sich Wildpflanzen vermehren, Brennnessel, Giersch, Melde und Wegerich. Der Rasenschnitt, aber auch abgebrochene Staudenstängel sowie Laub und Stroh fanden als Mulchschicht ihre zweite Verwendung und reicherten die Erde im Gemüse- und Staudenbeet mit Humus an. Zwei Jahre nachdem ich die Parzelle übernommen hatte, war von dem ursprünglichen toten Garten nicht mehr viel übrig, die Natur war eingezogen.

Als meine beiden Söhne geboren waren, pflanzte ich mit ihnen zwei große Obstbäume im vorderen Teil des Gartens und die Blumenwiese wurde gegen einen eingelassenen Sandkasten eingetauscht. Der Erdaushub diente zwei Jahre lang als vielbespielter Hügel, besonders im Sommer in Verbindung mit Wasser. Gemeinsam sammelten wir Äste für eine Benjeshecke und stapelten diese als Begrenzung und Windschutz zu einer Seite hin. Im Frühjahr, als in unserer Stadt viele Bäume in den Parks zugeschnitten wurden, fragte ich einen der Arbeiter, wohin denn die Stämme gebracht werden. Er erkannte sofort meine Intention und meinte freundlich, ich könne mich bedienen. Also brachte ich täglich mehrere die abgesägten Stämme mit dem Lastenrad in den nahegelegenen Schrebergarten. Liegend dienten sie als Sandkasten-umrandung, stehend eingegraben als Parcour auf der Wiese, einige funk-tionierten meine Söhne nach Lust und Laune zum Ausschauhalten, Wippen oder Balancieren um. Zudem stapelten wir besonders dicke Stämme zu einem Totholzhaufen auf der anderen Grundstücksseite in einer ruhigen Ecke der Wildniszone. Ein Bohnen-Tipi stillte den Bedarf an Rückzugsmöglichkeiten, bis wir bei einem Sommerprojekt dann eine echte Räuberhütte bauten.

Die Ausgrabungsstelle für den Gartenteich war über drei Jahre „die Bau-stelle" meiner Söhne, sorgfältig abgesperrt, denn Müttern war der Zutritt verweigert. Als wir die Mulde dann doch letztendlich mit Wasser befüllten und die Uferzone bepflanzten, war den Jungs ganz wehmütig ums Herz.

Einziger Trost war die Erneuerung der Regenrinnen. Meine Söhne nahmen die nicht mehr benötigten Teile sofort in Beschlag, ein Aquädukt zwischen Schwengelpumpe und Sandkasten entstand (selbstverständlich mit Ableitungen zum Gemüsebeet), der Rasen in diesem Areal wurde zum Moorbeet und die Kinder fanden eine neue Bestimmung als Wasserbeauftragte des Gartens.

## 12

Immer wieder wurde ich gefragt, was ich da tue, ob ich denn den Strauch-schnitt nicht zur Grünsammelstelle bringen kann, wieso die Holzstämme so hoch getürmt sind, weshalb ich nicht im Herbst die alten Blütenstände abschneide oder warum ich nicht regelmäßig Rasen mähe. Ich sah bald ein, dass die biedermeierlichen Gartenregeln grundlegend aufgelockert werden mussten, damit mein Garten nicht gleich als „verwildert" abgestempelt wurde. Dabei spielte mir die Natur in die Hände. Denn mein Gemüsebeet, neben den Rosen DAS Vorzeigeareal der Parzelle, explodierte förmlich und die Nachbarn wollten jedes Jahr aufs Neue wissen, was mein Geheimnis sei. Ich erklärte, dass die Permakultur das perfekte Beispiel dafür ist, wie sich Wasser- und Nährstoffkreisläufe selbst regulieren und die Pflanzen robust gegen Hitze, Trockenheit oder Dauerregen machen und dass die Räume für „Wildnis" dafür gedacht sind, der Natur einen Ort zum Durchatmen zu schenken, damit sie im Gegenzug uns Gärtnern und Gärtnerinnen das Leben erleichtert. Letztes Jahr hing ganz unvermittelt ein kleines hölzernes Herz an meinem Gartentor mit der Aufschrift „Garten schön!", nur zwei Tage später ein zweites mit „Aber Hallo!". Ich musste grinsen und freute mich innerlich wie ein kleines Kind, denn scheinbar hatte ich einige meiner Gartenfreunde zum Nachdenken gebracht. Vielleicht auch zum Umdenken.

Mein Permakulturgarten ist mit Sicherheit kein Paradebeispiel für besonders ökologisches Denken und Handeln. Es spiegelt vielmehr das wider, was mir am Herzen liegt: Wertschätzung, Verantwortungsbewusstsein, Wärme und Ver-bindung. Ich möchte gerne, dass meine Kinder und auch meine Enkel noch in einer Welt leben, die reich an Wundern ist und hinter jeder Ecke einen Schatz verborgen hält. Dafür müssen wir aber etwas verändern, und ich glaube, das gelingt uns sehr gut mit permakulturellen Ansätzen: Natur zulassen, Res-sourcen sinnvoll nutzen, die Erde schützen und auch die Lebewesen, von der Mikrobe bis zum Menschen, Überschüsse teilen und das Leben genießen.

Vielfalt und Sukzession scheinen mir in diesem Zusammenhang die wichtigsten Begriffe zu sein. Durch das Zulassen von Sukzession, also einer natürlichen Entwicklung und Abfolge ohne wesentliche Eingriffe, wird die Vielfalt erhöht. Sukzession erlaubt es uns, zu beobachten, zu genießen und zu verweilen, damit auch unsere Welt, unsere Sichtweisen, unsere Erfahrungen vielfältiger werden. Und wenn wir es uns dann selbst erlauben, dieses bunte Innenleben nach außen zu tragen, so geben wir indirekt auch anderen die Erlaubnis, vielfältig zu sein, sukzessiver zu denken und das Leben im Jetzt zu akzeptieren.

Während der Reise mit David voller hinreißender Momente, voller Energie hatte ich oft das Gefühl, bei etwas unfassbar Wichtigem, Elementarem dabei gewesen zu sein. Wahrscheinlich wird dieses Fieber niemals wiederkehren, aber ich konnte es konservieren in dem Garten. Ich versuchte, die Erlebnisse und Erfahrungen als Fundament zu nutzen und bunte Vielfalt, ein wenig Revolution, Entspannung und ganz viel Wärme in den Garten zu bringen. Letztlich läuft ohnehin nicht alles nach unseren Plänen, weder im Garten noch im Leben. Jeder Tag steckt voller Überraschungen und mit ein wenig Liebe zur Sukzession erschließen wir neue Räume, entdecken ungenutzte Ressourcen und arrangieren uns mit den Gegebenheiten, damit wir eine neue Lebensgemeinschaft gründen können.

Wahrscheinlich werden wir alle als Gärtner und Gärtnerinnen geboren, doch oftmals vergessen wir es während wir erwachsen werden. Um uns daran zu erinnern, müssen wir Wege beschreiten, sie wieder verlassen, unser Ich erkennen und Talente reaktivieren. So können wir uns und unsere Umwelt zum Wachsen und Gedeihen bringen.

# Kapitel 3

## Wandlungszeiten

### 1

Und dann war es soweit, ich war infiziert – mit dem Gartenvirus. Es ist ein schleichender Befall, der sich zuerst nur sehr diffus äußert und dann plötzlich mit der vollständigen Symptompalette ausbricht – und zwar wenn es um die Urlaubsplanung geht. Urlaubszeit ist ja bekanntlich die schönste Zeit, doch das gilt nicht unbedingt für Gärtner und Gärtnerinnen. Viele Menschen kennen das Dilemma, das sich ab einem bestimmten Zeitpunkt jedes Jahr aufs Neue abspielt: der Urlaub ist eingereicht, alle sind aus dem Häuschen, etwaige Destinationen werden wild diskutiert – jeder möchte ein Maximum an Urlaub mitnehmen. Doch was ist mit dem Garten. Wer kümmert sich um die Bewässerung der durstigen Gurken? Wer bindet die Tomaten nach den Regen wieder hoch? Wer sieht nach den Schäden, wenn Hoch Kriemhild oder Tief Hurz gewütet hatten? Und wer genießt den morgendlichen Kaffee in der Hängematte umgeben vom Summen und Brummen inmitten üppiger Blüten? Ich erkannte, dass mich mein Garten bereits fest im Griff hatte. Und aus diesem Grund entschied ich, die Urlaubstage in der gärtnerischen Prime-Time zwischen April und September lieber in meiner Parzelle zu verbringen, morgens barfuß durch das feuchte Gras zu gehen, bis meine Füße von den Tautropfen nass und kalt waren, ein Buch im Schatten des Sonnensegels zu lesen, nach all meinen kleinen und großen Schätzen zu sehen und mich in der Natur zu erholen. Die Frühlingstage weckten unendlich viel Tatendrang in mir und zwischen den Mußestunden erledigte ich diverse Arbeiten in meinem grünen Refugium. Im Sommer genoss ich die Früchte meiner Arbeit und fühlte mich so erholt wie bei einem Ausflug auf eine einsame Alm, denn die meisten meiner Schrebergartennachbarn quälten sich durch endlose Staus und versuchten sich einen der begehrten Sonnenliegenplätze an überfüllten Pools in Club-Hotels zu ergattern. Die Herbsttage entfachten im Garten jedes Jahr aufs Neue ein Feuerwerk an Farben und bliesen einen Hauch von Magie zwischen die Bäume, Sträucher und Blumen, sodass ich in der Richtigkeit meiner Entscheidung bestätigt wurde: Urlaubsreisen sind nur im Winter!

Doch Reisen ist die Sehnsucht nach Leben, benannte Kurt Tucholsky einst das Fernweh. Um diese Sehnsucht zu stillen, bedeutete das für mich vielleicht fortan, mit einem guten Gefühl entspannt zwischen November und März zu verreisen. Eine Zeit, in der die Natur in Europa aber normalerweise in einem wohlverdienten Winterschlaf schlummert und mir nicht mit einzigartigen Farbspielen, verzückenden Düften und unvergleichlichen Wundern den Atem raubt. Doch trotz meiner Gartenvirusinfektion wollte ich nicht auf Naturerfahrungen verzichten. Ich wollte eine entspannte Auszeit vom Alltag, anregend und aufregend, aktiv sein und mich spüren, zugleich aber auch mit vielen Möglichkeiten um aufzutanken, neue Kraft zu sammeln und zur Ruhe zu kommen. Ich erkannte, man muss trickreich sein, wenn es drauf ankommt. Und es kam darauf an. Denn wer weiß schon, wie lange es möglich ist, einfach zu reisen und ferne Länder, fremde Kulturen und unberührte Natur zu entdecken?

Costa Rica sollte es werden. Ich war vorher noch nie auf dem amerikanischen Kontinent und die Reisezeit für dieses Land wäre ja bekanntlich nach der Regenzeit, und damit auch nach der Hurrikan-Zeit, besonders optimal. Durch mein Studium hatte ich Bekanntschaft mit einem Tico gemacht, der mir von seiner Heimat nur so vorschwärmte. Zwar wäre der Einfluss der US-Amerikaner deutlich spürbar, jedoch beschränke sich dieser auf die großen Luxushotels oder die Surf-Spots. Wer in Costa Rica aufgrund der vielfältigen und üppigen Natur unterwegs sei, den erwarten wunderschöne

Naturreservate mit einer der artenreichsten Tier- und Pflanzenwelt der Erde. Lavaspeiende Vulkane, einsame Buchten, dichte Nebelwälder, vogelreiches Sumpfland und vieles mehr – Costa Rica lade zum Wandern und Staunen ein, vorausgesetzt man besitzt eine gewisse Entdecker-Mentalität. Außerdem sei die Infrastruktur hervorragend, man könne fast jede Nische des Landes mit öffentlichen Bussen oder dem Interbus erreichen, in den meisten Parks darf man ohne Guide wandern und auch für alleinreisende Frauen gäbe es, abgesehen vom Machoismus, keinerlei Gefahren. Soweit, so gut. Ich suchte nach einer passenden Reisebegleitung, die meinen Drang nach Natur und Abenteuer teilte, mein Chaos ertrug und ebenfalls eine entspannte Grundstimmung an den Tag legte.

Ende Januar war es dann soweit. Meine kleinen vorgezogenen Paprika-, Auberginen- und Chili-Pflänzchen gab ich schweren Herzens in die liebevollen Hände einer Gartenfreundin und Nachbarin ab, selbstverständlich mit ausführlicher Anleitung in Bezug auf Wasser, Licht und Temperatur. Ich packte meinen Rucksack und begab mich erwartungsvoll auf eine Reise nach Costa Rica.

# 2

Nach einem gefühlt endlosen Flug landeten wir in San José, der Hauptstadt und suchten ein preiswertes Zimmer in einem Hostal. San José war eine vergleichsweise junge Stadt, die zwar nicht mit Sehenswürdigkeiten trumpfen konnte, dafür aber zentral im Land lag und damit einen idealen Ausgangspunkt für Ausflüge und Unternehmungen darstellte. So konnten wir anfangs in jede Himmelsrichtung reisen ohne permanent neue Schlafplätze suchen zu müssen.

Die ersten zwei Tage sahen wir jedoch nicht viel außer das Bett, denn der Jetlag hatte uns fest im Griff und zwang uns am späten Nachmittag bereist in die Knie. Morgens um 3 waren wir dann topfit, die Welt um uns herum lag jedoch im Tiefschlaf und auch die Hauptstadt pulsierte während der Woche um diese Zeit nicht. Und so begann unsere Reise doch sehr gemächlich in einem angenehmen Klima mit Erkundungen der City, dem Besuch des Nationalmuseums, der Kathedrale und des Nationaltheaters.

Doch dann trieb uns die Neugier und wir brachen auf. Unsere erste Tour führte uns mit dem öffentlichen Bus durch das Valle Central, das politische und wirtschaftliche Zentrum. Die Straßen schlängelten sich vorbei an Vulkanen, durchschnitten verschiedene Kleinstädte und wurden gesäumt von Palmen und Mangobäumen. Ausgedehnte Kaffee- und Teakholzplantagen an sonnigen Hügeln, mit schwarzen Netzten verhüllte Ackerflächen mit Blumen und Zierpflanzen für den Export sowie Erdbeerfelder bedecken die sonnigen Täler wie große Teppiche.

Man hatte uns gewarnt vor den Besucherstürmen an den Vulkanen Poás und Irazú, würde man doch nur zum Gipfel hochgeschoben werden, um dann enttäuscht in eine Nebelsuppe statt in den Kratersee zu blicken. Doch wir hatten Glück, auch wenn diese Naturparks zu den am meisten besuchten

Orten Costa Ricas zählen, hatten an diesem regnerischen Tag scheinbar kaum Touristen Lust auf einen Rundgang am Irazú. Der Bus spuckte uns auf einem großen Parkplatz aus und wir schlenderten einen Weg, gesäumt von Rhabarber-ähnlichen Blättern, hinauf zum Kraterrand. Die Flora und Fauna dort hatte sich an die lebensfeindliche Umgebung angepasst, der spärliche Bewuchs einiger Sträucher war die einzige Vegetation, hin und wieder unterbrochen von kleinen Fumarolen. Die Wolken hingen tief und die Nässe sog sich durch alle Kleidungsschichten hindurch. Doch mit einem Mal wehten heftige Sturmböen, Blätter, Müll und Wanderkarten wirbelten durch die Luft, die wenigen Touristen klappten rasch ihre Regenschirme zusammen, bevor diese unwiderruflich vom Wind einverleibt wurden. Innerhalb weniger Minuten hatten sich sämtliche Wolken aufgelöst und unter uns erschien wie aus dem Nichts ein türkisfarbener Kratersee. Er leuchtete in solch giftiger Farbe, gleichzeitig strahlte er eine majestätische Schönheit aus. Nicht umsonst zählt dieser Krater zu einem der beliebtesten Fotomotive des Landes. Mit einem Mal konnten wir unseren Blick zum Pazifik auf der einen Seite und zum Karibischen Meer auf der anderen Seite schweifen lassen – ein überwältigendes Erlebnis.

Da der Tag noch jung war, entschieden wir uns, den Nationalpark Tapanti in der Nähe zu besuchen. Das Gebiet zählte zu den regenreichsten Regionen Costa Ricas und beeindruckte uns durch seine vielfältige Pflanzenwelt. Die öffentlichen Wanderwege glichen hin und wieder einer Sumpflandschaft, weshalb wir zeitweise scheinbar alleine im Park unterwegs waren uns so den Regenwald genossen. Monumentale Eichen, wilde Avocado und Erlen dominierten das Bild, riesige Farne verwandelten den Boden zu einem undurchschaubaren Dickicht und Moose krochen an den Stämmen empor, bis sie auf blühende Bromelien und üppige Orchideen stießen. Immer wieder wurde die Stille durch die hektischen Rufe der Brüllaffen unterbrochen, Falken und Amazonen stimmten in den Urwaldchor mit ein, während sich Faultiere versteckt hielten und uns träge von den Zweigen aus

beobachteten. Nach einem kleinen Bad im Fluss mit Blick auf den vorher besichtigten Vulkan Irazú fuhren wir wieder zurück nach San José.

Mich irritierten jedoch immer wieder die Kaffeeplantagen an exponierten Südhängen, hatte ich doch Kaffee als eine Waldpflanze in Erinnerung. Bei einem kurzen Stopp an einer der unzähligen Tank- und Raststätten, die auch gerne von öffentlichen Bussen angefahren werden, fragte ich eine nette Dame nach den Hintergründen. Die Ticos sind ein sehr freundliches und offenes Volk, stets mit einer gewinnenden Art, stolz und stilvoll, entspannt und immer bereit für einen netten Plausch. Juanita erklärte, dass die Plantagen notwendig seien, um auf kleinem Raum möglichst viel Kaffee anzubauen. Immerhin sei das neben Bananen und Zierblumen ein Exportschlager. Und da ja mehr als ein Viertel des Landes unter Naturschutz stehe, wären die Plantagen ja auch kein Problem, so bleibe genug Raum für alles. Eine sonderbare Haltung, meiner Meinung nach, denn immerhin waren die Plantagen ja nichts anderes als Monokulturen, dazu noch mit standortfremden Pflanzen, die mit Sicherheit nach einem hohen Maß an Dünger und Pestiziden verlangten. Der Kaffee, der überall in Costa Rica serviert wurde, hatte jedoch die Farbe von schwarzem Tee und den Geschmack von abgestandener Automaten-Plörre aus der Uni. Keineswegs konnte ich einen Zusammenhang mit den Bohnen dieser Monokulturen herstellen. Maria erklärte mir, dass der gute Kaffee in die Welt verschifft wird und Costa Rica dafür US-Instant-Kaffee importiert. Als Liebhaberin der schwarzen Bohne war ich fassungslos über diese fast schizophrene Handhabung. Nachdenklich kehrte ich abends in unsere Unterkunft in San José zurück.

Die Karibische Küste sollte unser nächstes Ziel sein, mit dem öffentlichen Bus kein Problem. Große Straßen führten aus San José heraus und verliefen durch die Cordillera Central, vorbei an privaten Reservaten und Naturparks. Wir entschieden uns, einen Stopp in Braulio Carillo einzulegen, einem Park mit gigantischen Ausmaßen und einer der vielfältigsten Topographien des Landes. Eingebettet zwischen erloschenen Vulkanen und tiefen Flusstälern befand sich hier ein Naturjuwel – das leider von einer bedeutenden

Verbindungsstraße durchschnitten wurde, sodass die Tier- und Pflanzenwelt einer permanenten Gefahr durch donnernde Lastwägen sowie Abgasen und illegalen Rodungen ausgesetzt war. Die mehr als 6.000 verschiedenen Arten werden mit Sicherheit im Laufe der nächsten Jahre drastisch minimiert werden – nur um Billigbananen und Tropenholz aus dem Landesinneren auf die Schiffe zu bringen. Dennoch genossen wir unseren zweitägigen Aufenthalt und sogen die Schönheit des Naturparks auf. Mehrere kurze Wanderwege führten uns durch typische Feuchtwälder mit Mexikanischen Ulmen, Magnolien, Schweinsgummibäumen oder Feigen sowie unendlich vielen Epiphyten. Endemische Frösche kreuzten die Wege, uns unbekannte Schlangen lugten aus versteckten Höhlen heraus und ein wahres Vogelkonzert hallte in den Bäumen, fast so, als wöllten die Tiere den Verkehrslärm übertönen und ihren Anspruch auf den Wald kundtun.

Dann erreichten wir Puerto Limon, eines der wichtigsten Städte Costa Ricas und mit einem der größten Containerhäfen weltweit. Wir erwarteten ein Flair wie in Hamburg, nur etwas karibischer, doch wir wurden bitter enttäuscht. Ein vermüllter Marktplatz präsentierte sich uns als Zentrum Limons, Betrunkene und Prostituierte waren allgegenwärtig, die alten Holzhäuser aus der Gründerzeit wirkten wie eine billige Fassade um aufzuhübschen, was längst verloren war. Daher schickten wir uns an, den nächsten Bus Richtung Süden zu erhaschen.

Uns bot sich die Möglichkeit, mit einer einheimischen Führerin zwei private Reservate in der Umgebung zu besuchen. Das Serra Bananito erstreckte sich entlang der östlichen Ausläufer der Talamanca, zahlreiche Flüsse des Landes hatten hier ihren Ursprung. Aufgrund der etwas schwierigen Anfahrt buchten wir eine Übernachtung in einer schnuckeligen Privatlodge direkt an einem Wasserfall. Bereits von der Veranda konnte man den Blick in das feuchte Habitat schweifen lassen und sich am Erkennen der tausend verschiedenen Vogelarten erproben. Bei einer abendlichen Wanderung durchquerten wir das Dickicht des üppigen Regenwaldes und fanden sogar Spuren eines Jaguars. Irgendwie war ich aber dennoch froh, dass zumindest ICH IHN nicht sah. Floripe, unsere Führerin, war eine Nachfahrin der Cabécar-Indianer und daher eine Expertin für mittelamerikanische Flora und Fauna. Nichts entging ihrem wachen Blick. Und so offenbarte sich für uns eine schier endlose Abfolge atemberaubender Bilder: ein scheuer Tapir beim Greifen nach zarten Blättern, skurrile Gürteltiere, die sich scheppernd ihren Weg bahnten, freche Stinktiere beim Verteidigen ihres Revieres, behäbige Pekaris, die sich eng aneinanderschmiegten um sich vor der hereinbrechenden Nacht zu wärmen oder kecke Opossums, welche sich tot stellten, sobald wir uns in der Nähe aufhielten. Allein diese abendliche Wanderung zeigte, wie hoch der Gewinn ist, wenn sich Menschen aktiv dafür einsetzen, um illegale Abholung und Wilderei einzudämmen.

Am nächsten Tag fuhren meine Freundin, Floripe und ich zum Reservat Hitoy Cerere, einer der am wenigsten besuchten Naturparks überhaupt. Dank der etwas abgeschiedenen Lage zwischen südlicher Karibikküste und Talamanca konnte die einzigartige Schönheit dieser Region bisher bewahrt bleiben. Die häufigen Regenfälle sättigten die Erde und die Luft. Am Boden zeugten zahlreiche Rinnsale und dichter Bewuchs von den hohen Niederschlägen, breite Flüsse und säulenartige Wasserfälle unterbrachen die Wege. Die dichten Wälder mit über 30 Meter hohen Kapok-, Gummiapfel- und Sandbüchsenbäumen waren Lebensraum für unzählige Epiphyten, die Steine bis zur Unkenntlichkeit mit Moosen und Algen bewachsen. Tiere ließen sich erahnen, jedoch konnten wir nur selten einen Blick erhaschen, wer die Laute von sich gab. Floripe entdeckte dennoch zwischen den schweren Ästen und den dichten Blättern Regenbogen-Tukane, Fuchs-Kuckucks, Dreizehen-Faultiere, Zwergameisenbären, Kapuzineraffen und Tayras. Ich hoffte, das Reservat würde noch sehr lange als Geheimtipp gelten und so unverfälscht den wahren Reichtum Costa Ricas präsentieren.

Südlich von Cahuita, nahe der Küste, versprachen die Cacao Trails einen abwechslungsreichen Tag. Floripe führte meine Freundin und mich zuerst durch eine Kakaoplantage und erklärte, wie letztlich aus der handgroßen Frucht mit den vielen weißen, gallertumhüllten Kernen das bekannte Kakaopulver entsteht. Zudem erhielten wir im botanischen Garten bei der Heilpflanzen-Abteilung einen Einblick in die typische „Indianer-Medizin" und erfuhren, welche mittelamerikanischen Kräuter bei den indigenen Stämmen noch heute gegen welche Beschwerden eingesetzt werden. Die Bio-Farm unterschied sich nur unwesentlich von deutschen Öko-Betrieben: der Naturteich diente zur Regenwasserspeicherung und beherbergte einige wilde Krokodile aus den benachbarten Flüssen, die Bienenzucht erhielt immer wieder Dezimierungen durch herumstreunende Waschbären und das angrenzende Schlangenhaus mit verschiedenen eingefangenen Exemplaren aus der Kakao-Plantage wurde zur Gewinnung von Seren bei Bissen unterhalten. Nach einer ausgiebigen Stärkung in einem vegetarischen Restaurant, im sehr fleischfokussierten Zentralamerika die wohl ungewöhnlichste Erscheinung überhaupt, führte einer der Flüsse unser Kanu durch die Küstenlandschaft bis zum Meer. Da die Flüsse kohlehaltige Partikel aus den Vulkan-Gebirgen mit sich führten, war der Strand pechschwarz. Das Bild aus türkisblauem Himmel, schneeweißer Gischt, dunkler Erde und bunten Karibikhütten glich einer surrealistischen Portraitierung Dalís. Wir verweilten bis zum Abend am Strand und nächtigten dann in einer der Lodges.

Zurück in Puerto Limon verabschiedeten wir uns von Floripe und organisierten uns eilig Tickets für eine Bootstour nach Tortuguero, nichtwissend, dass bereits die Fahrt dorthin ein großartiges Erlebnis werden sollte. Unzählige natürliche Kanäle wurden von verschiedensten Wasservögeln bewohnt, hin und wieder tauchte ein Krokodil auf, wilde Affen turnten hektisch über unsere Köpfe hinweg und giftgrüne Leguane huschten geschickt zwischen den Zweigen umher. Nach gut 3 Stunden erreichten wir das Dorf Tortuguero. Unser Camping-Vorhaben erlitt relativ rasch große Risse, als man in der Hauptverwaltung auf die Anwesenheit zahlreicher giftiger Schlangen verwies. Dann doch lieber einige Nächte im naturnahen Bungalow. Auf einen Verbleib in den Öko-Lodges verzichteten wir – ich fragte mich, was die Ticos unter „öko" verstehen, wenn sie Unterkünfte aus Tropenholz bauen, diese mit stromfressenden Klimaanlagen ausstatten, riesige Swimmingpools mit

Chlor (lieber zu viel als zu wenig!) davorsetzen und sich mit Wasserflugzeugen großzügig europäische und US-amerikanische Lebensmittel für das Buffet bringen lassen. Das Verständnis für Naturschutz schien doch unterschiedlicher als gedacht.

Bereits am ersten Morgen traten wir eine geführte Kanutour durch die Kanäle und Lagunen mit der einzigartigen Pflanzen- und Tierwelt an. Tortuguero war einer dieser Orte, der mir vor Augen führte, dass wir Menschen mit unserer Existenz, unseren Entscheidungen und unserem Handeln oft mehr Natur unwiderruflich zerstören als uns bewusst ist. Heilfroh, nicht zwischen den zahlreichen Lodge-Ausflüglern in lärmenden Motorbooten mit Abgasen in der Nase die vermeintliche Ruhe des Dschungels genießen zu müssen, paddelten wir in unzugängliche Seitenarme und tauchten in enge Kanäle. Es gibt Momente, da wird man sich seiner eigenen menschlichen Unbedeutsamkeit in einer geradezu überwältigenden und mächtigen Natur bewusst. Lautlos glitten unsere Kanus über die Wasseroberfläche, welche wie ein pechschwarzer Spiegel anmutete. Überdimensionale Blätter von Yollila-Palmen, Gavilan, Cativo und Waldmandelbäumen legten sich wie eine Decke dicht über uns und verschlangen das hereinfallende Licht. Schwimmende Wasserhyazinthen schoben ihre leuchtenden Kerzenblüten durch die dichten Blätter und stellten Pollen für kleine Insekten bereit. Kecke Fischotter und grazile Reiher stritten sich lautstark um Nahrung, während Jesus-Echsen über die tiefdunkle Wasseroberfläche huschten und die Baumwipfel von tobenden Affen durchbeutelt wurden. Wie kleine Waldzwerge lugten hier und da Frösche und Amphibien durch die scheinbar undurchdringliche Uferzone, nur um schnell wieder abzutauchen, bevor man den Fotoapparat zücken konnte.

Vom Wasser aus bot sich uns ein einzigartiges Schauspiel, das seinesgleichen sucht und das eine völlig andere Sicht auf die Natur zulässt, welche sonst verwehrt bleibt. Doch auch zu Fuß zeigte sich Tortuguero als Juwel. Meine Freundin und ich brachen direkt nach Sonnenaufgang zu einer ausgiebigen Wanderung auf und erlebten so, wie sich Nachtschwärmer und

Frühaufsteher die Hand gaben. Seltene Hasenmaul-Fledermäuse segelten über die dunkle Wasseroberfläche und haschten nach unachtsamen Fischen, Grüne Aras suchten sich reife Waldmandeln um sie, zwischen den Krallen fixiert, mit dem Schnabel zu knacken und Glasfrösche boten mit ihrer transparenten Haut und den durchschimmernden Organen einen interessanten Anblick. Über matschige und teilweise unbefestigte Wege entlang der Kanäle gelangten wir zum Strand. Am nördlichen Ende kehrten wir in die Forschungsstation ein und erfuhren um die Wichtigkeit dieser Einrichtung. Denn zwischen Juli und Oktober patrouillieren Freiwillige dieser Organisation an den Stränden Tortugueros, der wichtigsten Eiablagestelle für die Grüne Meeresschildkröte weltweit. Hintergrund sind nicht Waschbären oder Haie, die natürlichen Fressfeinde stellen bei Weitem nicht die größte Gefahr dar. Wilderer schlachten die Muttertiere nach dem Nestbau ab und stehlen die Eier. Aus dem Schildpatt fertigen sie Schmuck, die Haut ist für Taschen bestimmt und die rohen Eier gelten fälschlicherweise als Potenzmittel. Hinzu kommen einheimische „Wildführer", welche Touristen zu nächtlichen Wanderungen locken, indem sie die Beobachtung von schlüpfenden Schildkröten garantieren. Dabei handelt es sich in der Regel jedoch um beabsichtigt freigelegte Nester, die Zerstörung führt unweigerlich zum Tod der noch unreifen Schildkröten, da das Nest auskühlt. Mir war bis dahin nicht klar, dass die meisten Schildkröten nicht einmal das Meer erreichen, um dort an verschlucktem Plastik zu sterben, sondern bereits vorher verenden. Nachdenklich traten meine Freundin und ich den Rückweg an. Im Winter war der Strand um diese Zeit wie leergefegt, die aufgehende Sonne malte den Himmel in den schillerndsten Farben und versprach einen wunderschönen Tag. Das Geräusch eines ankommenden Flugzeuges kündigte einen weiteren Sturm Touristen an. Ein Widerspruch in sich.

# 3

Die Rückreise ins Landesinnere am darauffolgenden Tag glich einer Tortur. Dichtes Gedränge auf den Taxibooten, magenreizende Fahrten in stickigen Bussen durch kurvige Straßen und anschließend die nervenaufreibende Suche nach einer Bleibe in Fortuna. Denn weder meine Freundin noch ich wussten, dass der aktive Vulkan Arenal bei Nacht gelegentlich mit rotglühender Lava den Himmel erhellt und dieses eindrucksvolle Naturschauspiel in Hotels und Lodges die Preise in schwindelerregende Höhen trieb.

Direkt hinter dem Vulkan Arenal traf ein absolut gegensätzlicher Landstrich auf das immergrüne Zentralmassiv. Die Cordillera de Guanacaste wurde von trockenem Grasland, riesigen Rinderherden und arbeitsintensiver Landwirtschaft bestimmt. Echte Cowboys ließen ihre Pferde unter den Schatten der Bäume rasten, während sie sich für einen Plausch trafen. Offene Gatter zu endlosen Weideflächen erlaubten hin und wieder einen Blick auf die Arbeit der Landwirte, die ihre Rinder brandmarkten oder die Hirtenhunde an die Arbeit gewöhnten. An den Wochenenden bildeten wilde Rodeo-Turniere, quirlige Viehmärkte und Paraden mit bunt-geschmückten Pferden eine willkommene Abwechslung für die einheimische Bevölkerung.

Auf unserer Busfahrt nach Liberia säumten mehrere der aktivsten Vulkane die Region wie eine Dominostein-Reihe und wir passierten einige Naturparks und Schutzgebiete. Unser Ziel war jedoch der Vulkan Rincón de la Vieja, zu Deutsch „das gemütliche Eck". Der Nationalpark rund um den Vulkan galt als einer der vielseitigsten des Landes und konnte mit mehreren Vegetationszonen sowie zahlreichen vulkanischen Ak-  tivitäten aufwarten. Nachdem die öffentlichen Verkehrsmittel jedoch kurz vor dem Ziel ihre Dienste einstellten, gelangten wir mit dem Taxi zu einer traumhaften Unterkunft, die jedes Luxus-Resort in den Schatten stellte. Ein idealer Ausgangspunkt für kleine Wanderungen und eine Gipfelbesteigung. Der Nationalpark Rincón de la Vieja hatte zwei Gesichter, denn während die Nordostseite des Vulkans durch den Atlantik geprägt wurde und sich die Region dort dank der vielen Niederschläge von ihrer grünen Seite zeigte, herrschte im Südwesten hingegen der Pazifikeinfluss vor und ausgeprägte Trockenzeiten reduzierten den Bewuchs. Das erkannten wir bereits am Ankunftstag, als wir uns nach der langen Busfahrt die Beine vertreten wollten.

Der kleine Rundweg führte meine Freundin und mich zuerst durch einen eindrucksvollen Wald mit unglaublich hohen Bäumen, bewachsen mit Moosen und Epiphyten. Hirsche und Pekaris huschten blitzschnell in sichere Verstecke, Amazonen und Falter begleiteten uns flatternd ein Stück des Weges und Brüllaffen vollführten ihre Kunststücke über unseren Köpfen. Anschließend kündigte ein markanter Schwefelgeruch das offene, lebensfeindliche Vulkangelände an. Rauchende Fumarolen stiegen zwischen mannshohen Agaven in die Atmosphäre und blubbernde Schlammtümpel spritzten zwischen den Wegen heiße Gase aus dem Erdinneren nach oben. Nach Schwefel riechende Dampfwolken entwichen aus dem Gestein und ließen kleine Krater aus Schlamm und Matsch langsam erstarren.

Die heißen Thermalquellen speisten Bäche und Flüsse und boten eine herrliche Badegelegenheit und eine Belohnung für die mühevolle Wanderung. Dann erschütterte ein Rumpeln den Boden, meine Freundin und ich blieben wie angewurzelt stehen. Mehrere Einheimische riefen wild durcheinander, das Bersten gewaltiger Steine war zu hören, panisch blickten wir uns an und liefen aus dem Wasser. Als wir in unsere Badetücher gewickelt waren, war das Beben auch schon vorbei. Eine irrsinnige Erfahrung.

Am darauffolgenden Morgen brachen wir bereits vor Sonnenaufgang zur Vulkanbesteigung auf. Der Weg sollte zwar einfach zu finden, jedoch sehr anstrengend zu gehen sein. Fast zwei Stunden lang wanderten meine Freundin und ich durch einen Wald. Während die tiefere Region von Lorbeerbäumen, Guanacaste-Bäumen und Bitterzeder dominiert wurde, erkannte man rasch den Übergang zum Feuchtwald. Denn neben der Nationalblume Cattaleya-Orchidee gediehen hier auch Eichen und Zypressen. Der bekannte Monte-zuma-Vogel kündigte den Tag an, ein Zweizehen-Faultier war davon jedoch nicht begeistert und kletterte in höhere Schlafgemächer, Klammeraffen kreuzten immer wieder unseren Weg und verschiedene Spuren verrieten, dass des nachts hier auch Raubtiere auf die Jagd gehen. Relativ steil wand sich der Weg weiter Richtung Gipfel, kleine Steinpyramiden kennzeichneten den Verlauf, die Vegetation wurde immer spärlicher und ein Habicht zog seine Kreise über unseren Köpfen. Gegen Ende unserer Wanderung kletterten wir nur noch über lockeres Geröll und Vulkanasche bis zum höchsten Punkt hinauf. Die Uhr zeigte bereits Mittag, der Himmel war wolkenfrei und ich konnte mich nicht entscheiden, ob der Blick in den Strato-Krater oder in die umliegende Landschaft eindrucksvoller war.

Abends veranstalteten ortsansässige Cowboys eine kleine Rodeo-Show, um uns ihr Können zu demonstrieren. Im Nu hatten sich mehrere Einheimische um das Gatter versammelt, alle trieben die sichtbar störrische Kuh umher, um den Lassowurf des 80-jährigen Cowboys dann doch vielleicht eindrucksvoll wirken zu lassen. Doch die Kuh hatte keine Lust, sie stand stur wie ein Esel in der Mitte des Rodeo-Areals und rührte sich nicht vom Fleck. Immerhin vollführte Jorge mit seinem Pferd kühne Tricks, die jeden europäischen Reitschüler beeindruckt hätten. Die Sonne verschwand langsam und zeichnete ein wunderschönes Farbspiel in den Himmel, die Vulkanhänge verwandelten sich in ein Meer aus Rosa- und Violetttönen und der Staub der Luft legte sich zur Ruhe.

Wieder im Taxi wollten meine Freundin und ich tags darauf auf dem Weg zurück im Naturreservat Palo Verde nahe Montenegro einkehren. Das Massiv war benannt nach dem Palo-Verde-Baum und verzeichnete die höchste Konzentration von Wasservögeln in ganz Lateinamerika. Denn der Rio Tempisque trat hier regelmäßig über die Ufer und überschwemmte das Gebiet, sodass sich ein einmaliges Sumpf- und Feuchtgebiet mit einer unglaublichen ökologischen Vielfalt formierte. Ein Mosaik aus verschiedensten

Lebensräumen und Vegetationszonen lud zu Entdeckertouren ein. Bevor ich nach Costa Rica kam, konnte ich mir nicht ausmalen, dass auf einer Fläche nicht größer als Stuttgart riesige Salz- und Süßwasserlagunen, dunkle Mangrovenwälder, Savanne, lichte Mischwälder, üppige Hügelwälder und immergrüne Feuchtwälder nebeneinander existieren konnten. Doch Naturreservate wie Palo Verde zeigten dies ganz eindrucksvoll. Über verschiedene Wege erkundeten meine Freundin und ich das Gebiet. Die pieksigen Palo-Verde-Bäume stachen mit ihren gelben Blüten aus dem immergrünen Bild heraus und sorgten neben den grell-leuchtenden Bromelien und den weißen Blüten der endemischen Cardones-Kakteen für bunte Farbtupfer. Hier konnten wir endlich auch einen Guajakbaum sehen, weil in Palo Verde bisher noch niemand diese Edelhölzer für Möbel und Boote gefällt hatte. Zwischen den Ästen schwangen sich putzige Kapuzineraffen durch die Lüfte, quirlige Brüllaffen lieferten sich eine wilde Verfolgungsjagd mit roten Eichhörnchen um die besten Logenplätze in den Bäumen. An den Lagunen brüteten tausende Wasservögel und jagten nach Insekten und Fischen für ihren Nachwuchs, während sich tausende Zugvögel aus dem Norden Amerikas langsam für die Rückreise wappneten. Es herrschte ein wildes Treiben in dem Nationalpark, hier fand man Natur im Überfluss und nahezu ohne menschlichen Abdruck.

Nach den Tagen voller Natur und mit wenig Menschen sträubte ich mich, auf dem Weg Richtung Süden im Nationalpark Monteverde Halt zu machen. Doch meine Freundin wollte unbedingt einmal in einem echten Nebelwald wandern und so sahen wir uns doch am Eingang wieder. Die etwa 500 m lange Warteschlange verriet, dass die begrenzte Besucherzahl von 120 wohl bereits überschritten und vor dem Abend kein Einlass zu erwarten war. Also ließen wir die amerikanischen und europäischen Touristen in ihren klimatisierten Reisebussen hinter uns und entschieden, stattdessen das Nebelwaldreservat Santa Elena zu erkunden. Dieses Gebiet befand sich im staatlichen Besitz und wurde von einer Stiftung bestehend aus einer landwirtschaftlichen Schule, einer Elternvertretung sowie der Gemeinde Puntarenas geleitet. Ziel dieser Stiftung war der Erhalt des Nebelwaldes, die Förderung der ökologischen Bildung an Grundschulen sowie die Initiierung eines Forschungsortes für

Landwirtschaftsstudenten. Durch die Eintrittsgelder versuchte die Stiftung, weitere Gebiete hinzuzukaufen und das Reservat auszudehnen.

Die Flora und Fauna in Santa Elena sollte mit der von Monteverde übereinstimmen, durch den deutlich geringeren Besucheransturm war jedoch die Wahrscheinlichkeit höher, die Besonderheiten des Nebelwaldes auch zu entdecken. Vier verschiedene Wanderwege führten auf einem Gebiet von nur etwa 4 km² durch beide Seiten der kontinentalen Wasserscheide. Während auf der einen Seite die Pflanzen extremen Wetterverhältnissen ausgesetzt waren und dadurch nur spärlich wuchsen, erreichten die Pflanzen auf der anderen Seite geradezu schwindelerregende Höhen und waren mit unzähligen Bromelien und Orchideen behangen sowie von Kletterpflanzen umschlungen. In den Gebieten mit wenig Wasserabfluss bildete sich zudem durch die sehr hohe Luftfeuchtigkeit dichter Nebel, sodass selbst die etwa 10 Meter hohen Baumfarne nur noch schemenhaft zu erkennen waren und in einem unwirklichen Schleier verschwanden. Die Nebelwälder stellen einen einzigartigen Lebensraum für verschiedenste Tiere dar. Meine Freundin und ich entdeckten sogar den sagenumwobenen Quetzal und auch ein nur etwa daumennagelgroßes Erdbeerfröschchen hüpfte vor uns über den Weg.

Verschiedene Vögel verbreiteten den Samen der Würgfeige, monumentale Skelette zeugten vom Untergang. Wie ähnlich diese doch mit uns Menschen waren. Die Samen der Würgfeige keimen auf dem Ast eines Baumes, der winzige Sprössling wächst von dort nach unten und umschlingt dabei den Stamm. Die Würgfeige nimmt ihrem Wirt Licht, Wasser und Nährstoffe, bis dieser abstirbt, was jedoch auch den Tod der Würgfeige bedeutet. Sind wir Menschen manchmal nicht ähnlich? Wir nehmen uns von der Natur und von unseren Mitmenschen, was wir wollen, ohne Rücksicht, ohne Gewissen – vielleicht bis auch wir letztendlich keine lebenswerte Welt mehr haben und selbst zugrundegehen.

# 4

Wieder im öffentlichen Bus ging es an die Pazifikküste. Die mehrstündige Fahrt wurde jäh unterbrochen, als wir vor einer „Seilbahn" standen. Froh für ein wenig Bewegung stieg ich mit einigen Passanten aus und vertrat mir die Füße. Doch ich konnte meinen Blick nicht von diesem Gebilde abwenden und fragte einen Einheimischen, was es damit auf sich hatte. Das sei eine Bananenplantage und das Flugzeug, das gerade über uns fliegt, hatte für gesundes Wachstum gesorgt. Fassungslos starrte ich ihn an. Dann erkannte ich einen jungen Mann, der den Preis seiner Beschäftigung bereits offensichtlich nach außen trug. Sonnenverbrannte Haut umhüllte einen dünnen Körper, der Gang war gekrümmt, kein Lächeln war in seinem Gesicht zu erkennen. Mehr als 20 plastikumhüllte „Gebinde" voller Bananen hingen in der Seilbahn, jedes etwa 40 kg schwer, und wurden in der sengenden Hitze von dem Arbeiter Richtung Fabrik gezogen. Dort setzte man weitere, in Europa längst verbotene Chemikalien, ein, damit die Bananen ihren Flug gut überstehen können. Ich sah mich um und erkannte, dass alle Stauden gestützt werden mussten, damit sie die von europäischen Kunden geforderten überdimensionalen Bananen überhaupt tragen konnten. Zum Schutz vor hungrigen Vögeln wickelten die Arbeiter Unmengen Plastik um die Früchte, viele Teile lagen jedoch verstreut auf dem Boden und würden bald über Entwässerungskanäle und Wind in die Flüsse und Meere gelangen. Das Flugzeug, welches gerade am Horizont verschwand, hatte Dünger und Pestizide verbreitet, um die Monokulturen am Leben zu erhalten. Doch nicht nur ich, sondern auch die Arbeiter in der Bananenplantage, die Kinder in den umliegenden Siedlungen sowie die angrenzenden Naturschutzgebiete erhielten ebenso eine Portion davon. Es stimmte mich nachdenklich und ich spürte eine Wut gegen diese mächtigen Konzerne, welche die Not und die Unwissenheit der Bevölkerung ausnutzten sowie der Ignoranz und dem Konsumdenken der Verbraucher zuspielten. In etwa 8 Jahren wird dieses Gebiet durch den intensiven Raubbau ebenso kaputt sein wie alle anderen Monokulturen auch, doch die Besitzer werden erneut Regenwald roden und billige Fachkräfte aus Nicaragua für die kräftezehrende und gesundheitsschädliche Arbeit anheuern. Der Gedanke daran hinterließ einen bitteren Nachgeschmack. Hier lebten Geldgier und Machthunger weiter, obwohl nichts mehr zu reparieren war.

Endlich erreichten wir Jacó und erlebten ein Kontrastprogramm zu den naturnahen Tagen. Der Ort glich einer Großbaustelle, aus Ermangelung eines Stadtkerns kumulierte das Leben am Strand. Die Flüsse trugen verschiedensten Müll mit sich bis ins Meer, die Menschen dort kümmerten sich lautstark und alkoholbetont um ihre Quality-Time am Beach, das Hinterland lockte auch nicht mit Ausflügen und die Flagge des Strandes zeigte auf „rot". Daher stiegen wir nach einem Papaya-Shake direkt in den nächsten Bus, um nach Quepos zu gelangen. Eine kurvige Straße führte uns nach wenigen Kilometern bergauf und bergab vorbei an unzähligen Hotels gehobener Preisklasse. Doch auch in Quepos fokussierten sich die Touristen wie auch die Einheimischen eher auf die Strände. Was aber nicht zugleich bedeutete, dass die Qualität besser war als in Jacó. Viele Hotels und auch Krankenhäuser leiteten ihre Abwässer direkt ins Meer, Taschendiebe hatten es auf angeheiterte Besucher abgesehen und stahlen dreist vor unseren Augen. Ich erinnerte mich an die Bilder vom Balneario 6 in Palma auf Mallorca und fragte mich, ob hier am Pazifik das amerikanische Pendant lag. Kein Wunder, dass es viele Menschen dann nur wenige Kilometer weiter in den Nationalpark Manuel Antonio zog. Wir fanden aus der Fülle überteuerter Hotels dann doch eine komfortable, saubere und freundlich geführte Cabina in der Nähe des Parks.

Der Nationalpark Manuel Antonio zählte neben dem in Monteverde und denen an den Vulkanen Poás und Irazú zu den beliebtesten Ausflugszielen. Das zeigte sich bereits an der Eingangstafel: Montags blieb der Park wegen Aufräumarbeiten nach dem Wochenende geschlossen, das Füttern von Wildtieren führte zum sofortigen Parkverweis und die maximale Anzahl an Tagesgästen lag bei 600. Ich fragte mich, welche Zustände wohl geherrscht haben müssen, damit derartige Regelungen aufgestellt wurden. Meine Freundin und ich zählten zu den ersten Besuchern, doch schon nach uns hielten mehrere große Reisebusse und es kam zu einem aggressiven Gedrängel am Eingang. Schnell flohen wir auf einen der Wanderwege. Durch einen Primärwald aus mächtigen Gummi-, Kapok-, Kuh- und Regenbäumen gelangten wir zum Sekundärwald mit schmalen Balsabäumen und Affenkämmen. Immer wieder bot sich ein weiter Blick zum Meer, Mangrovensümpfe bedeckten die Uferzone und beherbergten giftige Manzanillobäume, üppige Meermandelbäumen und weit in den Strand ragende Kokospalmen. Das Rascheln in den Bäumen verriet, dass seltene Totenkopfäffchen uns folgten, während Faultiere sich nicht einmal umdrehten, als unzählige Besucher unter ihnen hindurch schritten. Grüne Eisvögel zischten über die glitzernde Wasseroberfläche des Flusses, braune Pelikane ließen ihre Kinder in den großen Schnäbeln nach Futter suchen und possierliche Gelbstirnjassanas und scheue Tukane sorgten mit ihrem Zwitschern für eine einzigartige Geräuschkulisse. Im Gegensatz dazu gab der Strand ein wahres Trauerspiel ab. Lärm dröhnte aus den mitgebrachten Radioboxen, Müll war kein Problem, denn er wurde einfach überall liegen gelassen, Fütterungen von Affen mit Wurstbroten und Kräckern standen auf der Tagesordnung - von Pflanzen- oder Tierschutz war keine Rede mehr. Als meine Freundin und ich uns für einige Minuten ausruhen wollten, kamen zwei dreiste Waschbären und versuchten unseren Rucksack zu stehlen. Die Tiere waren so an Menschen und deren Verhalten gewöhnt, dass sie genau wussten, in welchen Taschen sich Lebensmittel befinden und wie diese zu öffnen sind. Auf dezente Verscheuchungsversuche meinerseits reagierten sie sehr aggressiv, ihre Zähne waren durchaus beeindruckend. Dann wanden sie sich doch von uns ab – nur um wenige Sekunden später mit einer vollen Plastiktüte aus dem Supermarkt in den Wald zu huschen. Ich konnte nur den Kopf schütteln.

Unsere letzte Etappe sollte die Grenzregion zu Panama sein, ein Gebiet, das schon vor der Kolonialisierung von den indigenen Völkern bewohnt war und heute nach dem Abzug verschiedener US-amerikanischer Plantagen-Multis von genau diesen Menschen wieder aufgeforstet und renaturiert wurde. Als größter Nationalpark des Landes bildete er gemeinsam mit einem ebenso großen Teil auf der panamaischen Seite das Biosphären-Reservat La Amistad

– den Internationalen Freundschaftspark – und stellte das größte zusammenhängende Naturschutzgebiet Lateinamerikas dar. Mehr als 7 Indianerreservate umgeben das UNESCO-Weltnaturerbe und schützen die reiche tropische Vegetation sowie die einzigartige Tierwelt. Nur mit einem Taxi erreichten wir den schwer zugänglichen Parkeingang und begaben uns auf Entdeckungstour. Der feuchte Nebelwald wurde von ausgewachsenen Eichen dominiert, hier und da eroberten sich Mexikanische Ulmen oder Magnolien einen Platz und waren sogleich schwer mit Bromelien und Orchideen behangen. Die Blätter der Steineiben wisperte im Wind, das Gebiet war noch grüner, dichter und sanfter als ich es mir je vorgestellt hatte. Während verschiedener Wanderungen konnten wir mehrere Quetzals beobachten, einen Würgadler mit Beute fliehen sehen und bekamen einen seltenen Eichelspecht zu Gesicht. Diese Vielfalt konnte ich in keiner anderen Region Costa Ricas finden, das Areal war einfach sagenhaft und einzigartig.

Etwas weiter südlich lud die private Schutzzone Las Tablas zu einem Abstecher ein. Mehrere Finca-Besitzer schlossen sich einst zusammen und gründeten das Schutzgebiet, auf dem jegliche kommerzielle Nutzung untersagt war. Das Areal könnte beispielhaft für naturnahe Landwirtschaft und sanften Tourismus stehen. Verschiedene Wanderwege führten durch den Nebelwald und ließen einen Einblick in unberührte, wilde Natur zu, einen Vegetationstypus, der aus Costa Rica mittlerweile fast verschwunden war. Auch die Versuche für alternativen Kaffee- und Gemüseanbau zeigten, dass nicht Monokulturen zur Vereinbarung von landwirtschaftlicher Nutzung und Naturschutz führen, sondern Agroforstwirtschaft, sinnvolle Renaturierung ehemaliger Weide- und Ackerflächen sowie die regenerative Landwirtschaft als zukunftsweisende Form der Lebensmittelproduktion.

Den Menschen ging es nicht darum, dass ihnen alles gelang, was sie versuchten, sondern dass sie sich mit ganzem Herzen um ein Leben im Einklang mit der Natur bemühten. Dieser Exkurs hinterließ einen tiefen Eindruck in mir, ich fand es beeindruckend, wie viel Möglichkeiten des Naturschutzes beim Gärtnern und Landwirtschaften existieren. Manchmal sehen wir den

Wald vor lauter Bäumen einfach nicht, doch genau deshalb sind diese Reisen so wertvoll. Weil sie uns die Augen und die Herzen öffnen für Neues und Altbewährtes.

# 5

Zurück – ich sog die frische Frühlingsluft ein und holte meine vorgezogenen Jungpflänzchen aus ihrem Urlaub ab. Die neue Gartensaison war eingeläutet, voller Tatendrang begab ich mich zur Bestandsaufnahme, die einzelnen Bereiche meiner Parzelle wuchsen mehr und mehr zu einer blühenden und grünenden Einheit zusammen und ich sah den ersten emsigen Bienen beim Anflug auf Wildtulpen und Traubenhyazinthen zu. Doch die Reise nach Costa Rica hallte noch nach, die Erlebnisse hatten einen tiefen Eindruck hinterlassen und viele Fragen aufgeworfen. Wie kann ein Land unbeschreiblich schön und anmutig und zugleich zerstört und verloren sein? Wie können die Menschen ihre Heimat abholzen, vergiften, zumüllen und töten für den aktuellen Tagespreis, der zwischen passabel und überlebensnotwendig schwankt? Warum interessiert uns im fernen Europa dieses Dilemma so wenig, wo wir doch Hauptabnehmer für Kaffee, Bananen und Ananas sind und damit die unwiderrufliche Zerstörung der Natur, der Menschen und auch des Gewissens vorantreiben? Und weshalb sollte es uns nicht egal sein?

Selbstverständlich gab es schon immer das Argument, Natur- und Klimaschutz wäre so global, dass jede unserer Taten nur einem Tropfen auf den heißen Stein gleiche und dass auch ein komplettes Umdenken und Neuhandeln, angefangen vom Fahrradfahren über dem Entsagen des Wäschetrockners bis hin zum Veganismus, kaum Sinn mache, weil der böse Zwilling auf der anderen Seite der Erde die Welt ohne schlechtes Gewissen zum Kollaps bringt. Darüber hinaus wurden Natur- und Klimaschützer in der Vergangenheit immer häufiger zur Zielscheibe für Spott und Ironie, die Einstellung der „Gutmenschen" stand bezeichnend für Naivität. Doch meiner Meinung nach ist der Garten der beste Ort, um dem Klimawandel zu begegnen, die Natur zu schützen und ein anderes Bewusstsein zu schaffen.

Ich wollte mehr Klimaschutz in meinem Garten und blickte mich um. Naturschutz war dank des permakulturellen Ansatzes allgegenwärtig, ich setzte immer wieder verschiedene Maßnahmen zum Erhalt der Biodiversität, zum Artenschutz sowie zum Ressourcenmanagement um. Klimaschutz hingegen würde sämtliche Ansätze beinhalten, welche der globalen Erderwärmung entgegenwirken und so die daraus resultierenden Folgen abmildern oder gar verhindern könnten. Naturschutz und Klimaschutz schließen sich nicht aus, sie bedingen sich gegenseitig und ergänzen sich, letztendlich geht es um eine lebenswerte Welt für uns und für unsere Nachkommen. Und wie beim Naturschutz ist es nicht schwer, auch das Klima durch Umdenken und Neuhandeln im Garten positiv zu beeinflussen und zu schützen.

Als erstes begutachtete ich meine Randzone, in der pünktlich zum Frühlingsbeginn die geteilten Stauden meines Vorgängers und einige geschenkte Exemplare durch lugten. Statt alle Lücken wieder mit einjährigen Blumen und Kräutern zu bestücken, sollten es nun mehrjährige Pflanzen sein. Denn wenn Gewächse in der Erde verbleiben können, binden sie Kohlendioxid aus der Luft und lagern es als Kohlenstoff in den Boden ein, das wiederum humusbildenden Bakterien als Nahrung dient. Darüber hinaus sorgen Mehrjährige mit ihrem reichen Wurzelgeflecht für eine luftigere Erdstruktur und erhöhen die Widerstandsfähigkeit gegenüber Austrocknung und Erosion. Deshalb wählte ich verschiedene Stauden, entsprechend ihrer Wuchshöhe, ihren Standortvorlieben und ihrer Pflanzenart aus und setzte sie zwischen die vorhandenen. Einige heimische Wildsträucher ergänzten das Potpourri und sorgten für eine strukturreiche Silhouette.

Entgegen meinem ersten Impuls suchte ich nicht im Internet nach passenden Pflanzen, sondern fuhr CO2-sparend in eine Gärtnerei vor Ort. Das große Angebot an Bio-Produkten überraschte mich, ebenso die Beratung und der Rabatt für Kleingärtner. Alle Pflanzen wurden geflissentlich in Papier gewickelt und mit Stroh gepolstert in mehrere Kartons gepackt – völlig plastikfrei fanden sie in meine Beete.

Angeregt Plastik auch im Garten vermeiden zu können, suchte ich nach Plastikalternativen und fand sie. Denn jegliche Kunststoffarten sind petrochemisch, sie werden also aus fossilen Brennstoffen hergestellt und machen einen enormen Teil der Treibhausgasemission aus. Diese zu reduzieren ist eine Aufgabe! Ich fing an, bei Vorkulturen jegliche Insektenschutznetze und Wärmevliese gänzlich zu entfernen und durch Baumwollgaze zu ersetzen. Einerseits ist die Produktion von Baumwollgaze mit deutlich weniger Emissionen verbunden, andererseits wird kein Mikroplastik ins Grundwasser gespült. Auch Bindematerial aus Kunststoff musste papierummantelten Drahtschnüren, Sisal oder Bast weichen. Später ersetzte ich Anzuchttöpfe, Gießhilfen sowie Gartenhilfsmittel nach und nach durch Produkte aus Holz, Metall oder Naturkautschuk.

Dass auch die Kreislaufwirtschaft einen enormen Beitrag zum Klimaschutz darstellt, schien mir folgerichtig. Denn auch wenn Stickstoffdünger die Ernte kurzfristig erhöhen, gelangt der nicht von den Pflanzen genutzte, überschüssige Stickstoff ins Grundwasser und ins Meer, wo er Algenblüten und sauerstoffarme Todeszonen verursacht. Zudem wandeln Bodenbakterien den Stickstoff in Lachgas um, ein bis zu 300-mal stärkeres Treibhausgas als $CO_2$. Im Sinne des Klimaschutzes sollte mineralischer Stickstoffdünger überhaupt nicht mehr verwendet werden und Gärtner stattdessen ausschließlich auf organischen Dünger zurückgreifen.

Doch ob mineralische oder organische Dünger – sie haben eines gemein: Durch mehr oder weniger Energieaufwand müssen diese produziert und in die Geschäfte gebracht werden. Da viele Gärten ohnehin überdüngt sind, ist ein Düngereinsatz in den meisten Fällen gar nicht notwendig. Besser wäre dann der eigene Kompost. Dieser besteht aus Mikroorganismen, welche das organische Material zersetzen und gleichzeitig die daraus entstandenen bioverfügbaren Nährstoffe (Kalium, Phosphor, Stickstoff) zu den Pflanzenwurzeln transportieren.

Aber obwohl knapp die Hälfte unseres Haushaltsmülls organisch und damit kompostierbar wäre, scheuen sich die meisten Menschen, einen Komposthaufen anzulegen. Wenn allerdings Biomüll unter Sauerstoffabschluss in Mülldeponien verrottet, entsteht Methangas, ein deutlich aggressiveres Treibhausgas als Kohlendioxid. Aus diesem Grund wäre es wesentlich effektiver und auch klimafreundlicher, organischen Abfall, angefangen beim Laub über den Grünschnitt bis hin zum Gemüseabfall, zu kompostieren. Unter guten Bedingungen (ausreichend Feuchtigkeit, Luft und Wärme) halten Mikroorganismen, Pilze und Protozonen kontinuierlich einen Prozess in Gang, der den Boden mit dem Wasser und den Nährstoffen aus den organischen Abfällen anreichert, Kohlenstoff bindet und unser Klima verbessert. Und so entstand auch bei mir im Zuge dessen ein dreiteiliger Komposter, sorgsam getrennt nach Küchen-, Grob- und Beikrautgut. Darüber hinaus düngte ich auch mit Jauchen, welche ich aus geschnittenen Brennnesseln herstellte. Das stellte für mich besonders am Anfang, als noch nicht ausreichend Kompost vorhanden war, eine einfache und schnelle Ergänzung dar.

Das letzte Projekt war die Begrünung des Laubendaches. Eine extensive Dachbegrünung ist eigentlich keine neue Erfindung, vielmehr wird das Prinzip bereits seit dem 9. Jahrhundert in den nördlichen Ländern Europas praktiziert. Heute, in Zeiten von urbanen Hitzeinseln, überfluteten Straßen nach Platzregen und hoher Feinstaubbelastung, kommen extensive Dachbegrünungen immer häufiger zur Rede. Denn mithilfe eines Gründaches kann ein enormer Beitrag zum Klimaschutz geleistet werden. Im Gegensatz zu Stein- oder Metalldächern heizt sich das Biomaterial durch die Sonneneinstrahlung im Sommer nicht auf, sodass auch keine Hitze in die Umgebung abgestrahlt wird. Die Temperatur im Umfeld eines Gründaches und auch die darunter liegende Wohnfläche ist somit deutlich ausgeglichener, im Sommer kühler und im Winter wärmer, weil Heizenergie nicht entweichen kann. Zudem bindet die Grünfläche auf dem Dach Regenwasser und entlastet dadurch die Kanalisation. Auch Feinstaub, Lärm und schädigende Strahlung wird durch die Pflanzenschicht abgeschirmt. Des Weiteren hat das Dach selbst, die Achillessehne einer Laube, eine bis zu 3-fach höhere

Lebenserwartung, wenn eine Extensivbegrünung die Dachfläche vor UV-Licht, Regen, Hagel, Frost und Wind schützt.

Damit all diese positiven Eigenschaften erfüllt werden, muss die Unterkonstruktion passen. Mehrere Schichten verhindern ein Durchsickern des Regenwassers ins Dach und bilden eine gute Basis für pflegeleichte Pflanzen. Ich erkundigte mich und brachte in Erfahrung, dass es sogar preiswertere Kombinationen zu erstehen gibt, wenn ein Bitumen- oder Wellblechdach begrünt werden soll, da die unterste Dämmschicht entfallen kann. Zudem können besonders für Laubendächer sogenannte Leichtdach-Begrünungen zum Einsatz kommen, damit die Konstruktion nicht gefährdet ist. Ich stellte einen Antrag auf Kostenbeteiligung bei der Stadt, da viele Kommunen die Dachbegrünung mittlerweile bezuschussen und erhielt positive Resonanz. Schon wenige Wochen später wirkte das Laubendach zwar noch ein wenig karg, da sich die Pflanzen erst ausbreiten und etablieren mussten, doch das Ende von „trist und heiß" war bereits eingeläutet.

Dann beendete plötzlich mein Parzellennachbar nach über 40 Jahren seine Schrebergarten-Karriere und löste den Lauben-Hausstand auf. Ob ich für die Dinge noch Verwendung hätte. Neben einigen nützlichen Dingen verkaufte er mir auch ein Solarmodul mit Batterie und Lampe. Ohne es geplant zu haben, hatten wir fortan klimafreundlichen Strom in unserer Laube. Denn Solarmodule können durchaus mit Kohle und Erdgas konkurrieren. Die Photonen der Sonne treffen auf die Siliziumschicht im luftdichten Solarmodul und lösen die Elektronen aus dem Silizium heraus. Der daraus entstandene Strom kann direkt genutzt oder gespeichert werden, ohne weiteren Brennstoff. Solarmodule sind also in der Lage, emissionsfrei und unerschöpflich Strom aus der Sonnenenergie zu erzeugen. Für mich als Gärtnerin eine weitere, einfache Maßnahme zum Klimaschutz.

# 6

Die Reise durch Costa Rica führte mir wieder vor Augen, wie unweigerlich wir Menschen doch mit unserer Umwelt verbunden sind, wie sehr Klimaschutz von unserem Handeln abhängt und wie sehr dieses Handeln wiederum die Welt, die Natur und auch die Politik beeinflusst.

Klimaschutz ist jedoch mehr als nur der Ersatz von Kohlestrom und Kernenergie. Darüber hinaus geht es um Veränderungen, um Effizienz, um die Entwicklung neuer Prozesse und Denkmuster und um Wandel. Klimaschutz ist jedoch nicht immer einfach, eigentlich handelt es sich dabei um eine sehr komplexe und komplizierte Angelegenheit. Das Unterfangen „Klimaschutz" setzt gleichzeitig aber auch faszinierende Fortschritte, geniale Ideen und verblüffende Innovationen in Gang und lässt neue Wege entstehen. Diese Möglichkeit des Wandelns, der Veränderung, müssen wir nur ergreifen. Denn es gibt sie – die Lösungen, die funktionieren, wirtschaftlich sind und gleichzeitig kaum Einschränkungen bieten. Ich habe sie im Garten selbst ausprobiert.

Ich bin mit Sicherheit nicht die Vorzeige-Klimaschützerin, doch ich versuche, zu beleuchten, welche Aspekte die Gartenarbeit klimafreundlicher machen. Denn als Gärtner oder Gärtnerin können wir eine gewisse Vorreiterrolle übernehmen. Besitzer verschiedenster Monokulturen, angefangen beim Maisbauern in Bayern bis hin zum Bananen-Mogul in Costa Rica, werden bestätigen, dass sie mehr Nahrungsmittel produzieren, wenn fossile Brennstoffe, Kunstdünger und Pestizide eingesetzt werden. Doch diese Art der Lebensmittelproduktion ist für mehr als 20 % aller Treibhausgase verantwortlich. Ein Garten hingegen, der mit ökologischem Saatgut und Kompost betrieben wird, ermöglicht eine fast kostenlose (und gesündere, nahrhaftere, frischere und lokalere) Lebensmittelproduktion und führt nicht zu neuen Problemen, wie es bei Monokulturen rasch der Fall wäre.

Noch wertvoller als diese Energie-Ertrag-Erkenntnis sind hingegen die veränderten Denkmuster. Gärtner und Gärtnerinnen können die Natur erhalten sowie sich selbst und sie treten in Kontakt mit ihrer Umwelt. Sie bewahren den Prozess des Gebens und Nehmens, ohne einen Null-Konsum zu propagieren, weil sie imstande sind, Wege zu finden, sich zu versorgen ohne die Welt um sie herum auszubeuten.

Menschen mit Gärten können also unbewusst oder bewusst zu Klimaschützern werden und erhalten somit die Welt für unsere Nachfahren. Denn Klimaschutz geht auch auf jedem noch so kleinen Balkon, lässt sich in einer kleinen Parzelle umsetzen und ist ebenso Bestandteil beim Bewirtschaften eines großen Gartens. Und ein wenig Mut zur Veränderung und etwas Entschlossenheit für mehr Nachhaltigkeit überzeugen auch andere Menschen zu mehr Engagement. Infolgedessen kann die Politik und die Wirtschaft zum Handeln gezwungen werden. Wer die Möglichkeit hat, sollte sie auch wahrnehmen.

# Kapitel 4

## Zwischen Schmutz und Seelenfrieden

### 1

Eine befreundete Familie wanderte im Sommer 2013 nach Israel aus. Gemeinsam mit ihren Kindern belegten sie im Vorfeld Hebräisch-Kurse, beantragten die israelische Staatsangehörigkeit und flogen mehrmals zu Wohnungsbesichtigungen in das Land ihrer Träume. Es schien, als würden die Israelis ihnen die Auswanderung erleichtern, kein Stein stellte sich ihnen in den Weg, keine Hürde war unüberwindbar. Nach nur einem Jahr war alles Bürokratische unter Dach und Fach, das Haus in Deutschland verkauft, die Familie und Freunde verabschiedet. Mehrere zukünftige israelische Nachbarn arrangierten Möbel und Haushaltgegenstände, mit denen die Familie bis zum Eintreffen ihrer Container die neue Wohnung einrichten könnte, die Schulanmeldungen waren besiegelt und auch die Aussicht auf Arbeit schien von Erfolg gekrönt. Unter einem tränenreichen Abschied flogen sie dahin und starteten in ein neues Leben, voller Tatendrang, voller Begeisterung und voller Neugier. Ich blieb zurück in Deutschland, musste jedoch versprechen, dass ich in spätestens einem halben Jahr zu Besuch vorbeikomme und mir ansehen, wie sie leben.

Israel polarisiert. Während die einen es als das Land, in dem Milch und Honig fließt, die Heimat aller Juden definieren, betrachten es die anderen als einen Dauerbrennpunkt, die tickende Zeitbombe im Nahen Osten. Dabei ist Israel weit mehr als das Problemkind. Schon seit tausenden von Jahren strömten Menschen aus allen Teilen der Erde in das kleine Land zwischen Mittelmeer und Totem Meer und ließen sich nieder. Juden aus Spanien, Portugal, Tunesien, Marokko und Ägypten, dem Jemen, den USA, Großbritannien und Deutschland, den ehemaligen GUS-Ländern, aus Südafrika, Äthiopien, Argentinien, Brasilien und Südostasien fanden, gebeutelt durch Verfolgung, Demütigung oder Genozid, in Israel eine neue Heimat und bilden mit Muslimen aus ehemals Palästina, Syrien, Jordanien, Ägypten und dem Libanon die Mehrheit des Landes. Auch Christen und einige ethnische Minderheiten, die in den Nachbarländern verfolgt werden, leben in Israel. Und inmitten dieses Schmelztiegels nun fortan auch meine Freunde mit ihren Kindern.

Wenn man sich entschließt, Israel zu bereisen, dann stellt man sich schnell die Frage, was man eigentlich dort tun möchte, denn das Land hält unzählige Möglichkeiten bereit. Kulturinteressierte finden in jeder Stadt geschichtsträchtige Relikte, religiöse Menschen können auf den Spuren von Moses, Abraham oder Jesus wandeln und auf Naturliebhaber wartet ein wahres Eldorado zwischen Wäldern, Meer und Wüste.

Meine Schwester Sarah wollte nach ihrer Meisterschule gerne den Jakobsweg in Spanien wandern. Schon als Kind war sie sehr spanienaffin und bis heute hat sich diese Leidenschaft für das Land und die Leute nicht gelegt. Doch im Gegensatz zu meiner Schwester war ich nicht angetan von der Vorstellung mich zwischen mehreren tausend Menschen entlang ausgetretener Pfade durch zu schieben, mir in überfüllten Pilgerherbergen den Schlaf rauben zu lassen und anschließend die Jagd nach den begehrten Stempeln mit einer Urkunde in Santiago zu vervollkommnen. Spätestens seit Herr Kerkeling den Jakobsweg beschritten und seine Erfahrungen in einem Buch veröffentlicht hatte, war ein wahrer Boom entbrannt. Mir schwebte hingegen eine alternative, etwas privatere Herausforderung mit viel unverfälschter und abwechslungsreicher Natur vor, daher unterbreitete ich den Vorschlag, auf dem INT zu wandern. Sarah konterte, dass die Versorgung mit Wasser und Essen sowie die Suche nach einem Schlafplatz in Spanien einfacher sei. Doch

letztlich war die Aussicht auf authentische Wander-, Kletter- und Wüsten-
erfahrung doch verlockender.

Meine Art zu reisen, Länder zu erkunden und Menschen zu begegnen,
hatte mich sehr früh zu einer Individualistin werden lassen, inmitten des
Heeres aus Rucksacktouristen. Vor allem der Reiz des „Auf-sich-alleine-ge-
stellt-seins" lockte mich immer wieder zu derartigen Trips. Ich wusste, es
würde mir schwerfallen, mich in einer Gruppe unterzuordnen und meine
Unabhängigkeit beim Reisen zu verlieren. Sarah verstand mich, auch sie
liebte die täglichen Herausforderungen, die unzähligen zu treffenden Entscheidungen sowie die vielen kleinen Freiheiten auf derartigen Reisen. Und
so entschieden wir, nach Sarahs bestandenen Prüfungen ganz frei und ohne
große Planungen 6 Wochen in Israel zu verbringen, den Shvil (Israel National
Trail) zu gehen, Land und Leute zu erkunden sowie meinen Freunden für
einige Tage einen Besuch abzustatten.

# 2

Um besonders entspannt starten zu können, hatte ich aber für die erste Nach eine Unterkunft in der Nähe des Startpunktes im Norden Israels gebucht. Als der Flieger landete, waren Sarah und ich gut gelaunt, wir stellten uns in der langen Schlange der Einreisenden an, scherzten und lachten. Doch die gute Stimmung sollte uns schon bald vergehen.

Unsere Pässe wurden entgegengenommen und durch einen Scanner gezogen. Was der Grund für unseren Besuch sei, wollte die junge Dame hinter dem Schalter wissen. Ich legte los, mit ungebremstem Enthusiasmus berichtete ich von unserem Plan, den Shvil zu wandern und befreundete Frischauswanderer zu besuchen. Die Herrscherin der Stempel blickte mich an, ihr Blick war durchdringend, sie schwieg. Dann blättere sie in unseren Pässen, fast so, als würde sie alle bisherigen Stempel in ihrem Kopf zu einer Reise zusammenfügen. Ich biss mir auf die Zunge, am liebsten hätte ich die Zeit zurückgedreht und ihr einfach mit „Holiday" geantwortet. Wo denn unsere Freunde wohnen würden, fragte die Dame nun, ohne auch nur einmal von unseren Pässen aufzublicken. Ich nannte das Dorf sowie den Namen der Familie, hoffnungsvoll erwartete ich, dass sie nun einfach zwei Visa ausstellen würde. Mittlerweile hatte die Warteschlange hinter uns beträchtliche Ausmaße angenommen, einige Kollegen gesellten sich zu unserer persönlichen Sicherheitsbeauftragten hinter den Schalter und beratschlagten sich. Das Dorf sei nicht auf der Karte zu finden, raunzte uns einer der Beamten unfreundlich entgegen. Sein Gesicht war übersät von Aknenarben, was ihn nicht sympathischer erscheinen ließ. Ehe Sarah und ich uns versahen, waren wir von vier uniformierten Beamten umzingelt und wurden in einen kleinen Raum geleitet. In diesem Moment verfluchte ich, dass Israel über das wohl beste Sicherheitssystem weltweit verfügt. Ich sah uns bereits im Flugzeug nach Hause sitzen, ohne auch nur einen einzigen Schritt auf dem Israel Trail gewandet zu sein. Happy Holiday!

Nach mehr als vier Stunden Warten in einem neonlichtdurchfluteten Raum ohne Handyempfang öffnete sich die Tür. Wahrscheinlich hatte sich einer der Spätschicht-Beamten dem Fall angenommen und uns nach Einholen des Führungszeugnisses dann doch nur für „mittelmäßig gefährlich" eingestuft. Er händigte Sarah und mir wortlos unsere Pässe aus, ein Stempel zeugte davon, dass wir nun einreisen durften.

Doch wo war unser Gepäck? Mittlerweile waren wahrscheinlich etliche Passagiere in unzähligen Flugzeugen gelandet – und hatten die damenlosen Trekkingrucksäcke auf dem Förderband hoffentlich einfach beim lost-and-found. Auf dem Weg zu einem Infostand riss mich eine Warnsirene aus meinen Gedanken. Innerhalb weniger Sekunden räumten Sicherheitskräfte die Warte-halle und riegelten sie hermetisch ab. Sarah scherzte, dass man wahrscheinlich unser „unattended luggage" gefunden hatte und wir uns nun doch noch als Straftäter in einem Gefängnis wiedersehen würden. Mir blieb das Lachen im Hals stecken, angesichts der Tatsache, dass plötzlich mehrere Spürhunde di-rekt vor uns zum Stehen kamen. Ihr Bellen verhieß nichts Gutes.

Nach weiteren zwei Stunden hatten Sarah und ich den Beamten klargemacht, dass wir die beiden Trekkingrucksäcke zwar unser Eigen nennen konnten, doch aufgrund eines Missverständnisses mit ihren Kollegen diese noch nicht abgeholt hatten. Völlig abgekämpft verließen wir am Abend das Flughafen-gelände, der letzte Bus nach Dan war längst abgefahren und ich fragte mich, ob eigentlich jede Reise mit Geschwistern einen derart desaströsen Start be-inhalten musste.

Glücklicherweise findet sich in Israel fast überall ein Zimmer für die spon-tane Übernachtung. Als ich am nächsten Morgen erwachte, war der Tag bereits in vollem Gange. Geschäftiges Treiben auf den Fluren verriet, dass sich die Menschen in der Pension bereits auf den Weg machten. Ich weckte Sarah und nach einem ausgiebigen Frühstück steuerten auch wir auf den Busbahnhof zu, Ziel Dan. Das letzte Stück trampten wir, um dann am Dorf-ausgang direkt von einer dichten Vegetation verschluckt zu werden.

Wir befanden uns auf dem Shvil, weit und breit kein Asphalt, kein Auto, kein Lärm. Nur Natur, unberührt, wild, echt. Die Wegweiser aus blau-weiß-orangen Streifen waren mal an Zaunpfosten, mal auf Steinen angebracht, zwischenzeitlich hatten sich aber auch lange Äste oder dichte Blätter die Hinweise einverleibt. Anfangs liefen Sarah und ich nahe der libanesischen Grenze, Soldaten patrouillierten in regelmäßigen Abständen. Was für europäische Touristen seltsam anmuten mag, ist für Israelis Alltag. Soldaten gehören hier zum Bild wie Verkehrsschilder oder Gebetshäuser. Einige riefen uns keck ein „Shvil Israel" zu, andere deuteten freundlich und hilfsbereit den weiteren Streckenverlauf mit ihren Gewehren an.

Kleinere Bergkämme des Libanon und die spektakuläre Kulisse des Mount Hermon säumten unseren Weg, es ging flach und einfach in weichem, rotem Sand dahin, die Gedanken blieben zwischen den knorrigen Ästen der alten Bäume hängen. Felsen verteilten sich wie bunte Streusel auf einem Kuchenguss in der kargen Wiese, hin und wieder hatten sich sogar Alpenveilchen versteckt. Hier in dieser Region wirkten diese alles andere als fehlplatziert, vielmehr glich es einem Versuch, die Aufmerksamkeit der Wanderer auf die kleinen Details zu richten und etwas „runter zu kommen", im wahrsten Sinne des Wortes, wenn man innehält und sich bückt, um diese kleinen Blumen aus der Nähe zu betrachten.

# 3

Besonders reizvoll präsentierte sich der Shvil im Norden. Blühende Mandel-
bäume verwandelten den Weg in eine knallrosa Decke, die zarten Dolden des
wilden Fenchels wechselten mit den starren Ähren des hochgewachsenen
Lavendels. Immer wieder führten schmale Steintreppen vom Shvil hinunter
in die Dörfer. Wer mag, konnte so ganze einfach in die Welt der Einheimischen eintauchen oder Proviant für die Reise besorgen. Wer lieber die Ruhe
des Weges genießen wollte, der blieb zwischen dem üppigen Oleander und
den silbrig schimmernden Olivenbäumen, lies sich die Wilden Lupinen um
die nackten Beine streichen und entspannte zwischen Kiefern und Zedern.

Leichtfüßig wanderten Sarah und ich auf schmalen Stegen und engen
Pfaden. Der Israel Trail führte uns weder in Kirchen, noch in Synagogen oder
Moscheen, er vermied die Nähe zum See Genezareth, in das umkämpfte Jeru-
salem oder durch Autonomiegebiete. Vielmehr schlängelt er sich durch das
Land, findet politische und religiöse Lücken, umgeht bewusst touristische
Hotspots und distanziert sich von biedermeierlichem Geschichtsunterricht.
Der Weg schafft Raum für vielfältige Ansichten, offene Meinungen und freie
Perspektiven. Ganz bewusst bietet sich beim Wandern die Möglichkeit, ein-
fach nur in die Natur einzutauchen und die Sinne zu beglücken. Auf dem
Shvil kann man den Vögeln lauschen, dem Wind in den Bäumen zuhören,
sich von dem Zirpen der Grillen beschwingen lassen und auch seine eigene
Stimme wiederentdecken. Territorialansprüche, Streitigkeiten oder gar Ge-
walt finden hier keinen Platz, es ist friedlich, alle sind gleich.

Vor uns breitete sich die Chula-Ebene aus, von oben bereits spektakulär an-
zusehen, aber erst durch das Eintauchen kann man die wahre Schönheit
dieses Landstriches erkennen. Einst war das Tal vulkanisches Sumpfgebiet,
nun finden viele Wasser- und Zugvögel im Schilfdickicht ungestörte Brut-
und Nistplätze. Wir durchliefen die dicht bewachsenen Wälder und Auen,

umringt von Kormoranen, Kranichen, Reihern und Biberratten sowie Wasserbüffeln und Störchen. Zahlreiche Eichen, von denen einige mehrere hundert Jahre alt sein sollen, spendeten Schatten, während die Sonne erbarmungslos vom Himmel flirrte und uns zu verfolgen schien.

Hin und wieder kreuzten vereinzelt einige junge Israelis unseren Weg, die nach ihrem Militärdienst den Shvil in Teilen oder gänzlich zu wanderten. Doch oft begegneten Sarah und ich stundenlang keinem Menschen. Nur der Weg und wir. Sarah war mit einem Mal von einer Leichtigkeit beflügelt, es war als hätte sie plötzlich das Gehen für sich entdeckt, und hängte mich mit Siebenmeilenschritten beinahe ab. Ich fand es schön zu sehen, wie auch sie sich auf den Moment im Hier und Jetzt einlassen konnte.

Unzählige Metallsteige später befand ich mich mit meiner Schwester im „Kessel", einem Gebiet unterhalb des Meeresspiegels und mit einem Klima wie im Treibhaus. Ein leichter Dunst lag wie ein durchsichtiger Schleier über den Baumwipfeln. Stetig folgten wir den Markierungen, um in der Nähe von Zefad in einer überwältigenden Landschaft wiederzufinden. Die unberührte Kulisse des eigensinnigen Bachlaufes, welcher sich seinen Weg vorbei an orangen Felswänden bahnt, war schlichtweg atemberaubend. Wind und Sonne hatten die meterhohen Steine geformt, geschliffen und sie zu unwirklichen Gebilden geschichtet. Als wäre jedes physikalische Gesetz nichts mehr als eine Formel, höhlte der Regen erbarmungslos stetig kleine Löcher in die senkrechten Felswände, damit der Wind sie mit Leben füllt. Die Flugsamen kleiner Bäume und Sträucher keimten darin und malten ein fast surreales Bild, tiefes Grün inmitten einer lebensfeindlichen Welt. In der feucht-heißen, dampfigen Luft fiel das Gehen zunehmend schwerer, kein Lufthauch kam im Kessel an und die Sonnenstrahlen wurden von den hoch aufragenden Felswänden rücksichtslos reflektiert. Dankbar erreichten wir die Öffnung des Canyons, blühender Raps verströmte seinen eigenen Geruch, auf einer Wiese grasten Kühen. Sie harmonierten mit den Alpenveilchen.

Still gingen wir nebeneinander her – Sarah und ich. Vielleicht weil die Welt oft laut genug ist, mussten wir in diesem Moment einfach nichts sagen. Wandern kann mit der Flut verglichen werden, sie spült immer etwas an Land. Während man einen Fuß vor den anderen setzt, die Umgebung sinnlich wahrnimmt, bricht manchmal plötzlich das Leben über einen herein. Die Gedanken erhalten die Möglichkeit, abzuschweifen und sich neu auszurichten. Und das macht glücklich. Während Sarah und ich oberhalb des See Genezareth liefen, passierte etwas in uns drinnen. Urplötzlich trieb ein Sturm die Wolken aus Sorgen, negativen Gedanken und Ängsten auseinander, die Sonne kam zum Vorschein. Ich wusste, wir können das Glück nicht ergreifen, vielmehr packt es uns. Und manchmal geschieht dies so unverhofft wie ein Schmetterling im Winterwald, dann befinden wir uns mit einem Mal mittendrin.

Dann verlief der Shvil landeinwärts. Zwischen Bergen und Mittelmeer erstreckt sich das Karmelgebirge. Im Jahre 2010 ist dort innerhalb weniger Tage eine Fläche von mehr als 150 Millionen km² komplett niedergebrannt, unwiderruflich vom Feuer zerstört. Doch dank der unermüdlichen Arbeit des KKL (Jüdischer Nationalfond) grünte es nur wenige Jahre später hier wieder, kleine Schösslinge reckten sich gen Himmel und zwischen dem scheinbar toten Holz siedelten sich Vögel und Insekten an. Bevor die Wüste ihre Finger nach den Bergkämmen ausstrecken konnte und sich diesen Teil der Erde für immer einverleiben würde, keimten die Früchte der Arbeit – der Beweis, dass Spendengelder hier wirklich ankommen. Ich empfand eine unglaubliche Ehrfurcht und Demut vor der Natur, die einfach immer wieder Wege findet, trotz aller Widrigkeiten die Rückschläge als Chance nutzt. Letztlich können auch wir uns unglücklich oder stark machen, der Aufwand ist derselbe.

Wenn man so ein riesiges Gebiet durchläuft, begreift man erst diese schier endlosen Ausmaße eines solchen Unglückes. Was sind schon Zahlen in den Nachrichten? Was bedeutet eine Naturkatastrophe in einem anderen Land? Drei Tage wanderten Sarah und ich auf den Resten des ewigen Verlustes. Jeder Schritt durch den sandigen Pfad erlaubte einen Blick auf die verkohlten Baumstämme und der Geruch von Asche lag noch immer in der

Luft, gleichzeitig brachten blühende Anemonen und ausladende Wildkräuter einen Hoffnungsschimmer.

Auf einmal begegneten wir einer Gruppe Kinder, welche bei dem Projekt „Förster für einen Tag" mit Spaten, Handschuhen und Wasserflaschen die Versandung aufhalten und Bäume pflanzen wollten. In Israel gedeiht nichts von alleine, jedes Grün kann nur mithilfe des Menschen entstehen. Menschen mit Tatendrang und Visionen – egal welcher Religion. Und so berichteten die Kinder, David und Ahmad, Elif und Mirjam, Daniel und Musa, mit erhitzten Wangen und glühenden Augen von Strauchschnitt, Baumpflanzungen und Wildheckenpflege. Das Leben ist nicht perfekt, aber Menschen wie diese machen es besonders.

An einem Freitagnachmittag, Sarah und ich suchten nach einem Platz für unser Zelt, wurden wir von einer Familie zum Shabbat eingeladen. Immer neugierig, etwas zu sehen und zu erleben, sagten wir zu. Levi und Rivka wohnten in einer quirligen Kleinstadt, ihre vier Kinder Jaakov, Naftali, Anath und Shmuel füllten die Räume mit Leben. Es herrschte noch geschäftiges Treiben, um alle Vorbereitungen für den Ruhetag rechtzeitig zu beenden, Sarah und ich bauten unser Zelt auf und nahmen das Duschangebot gerne an. Shmuel konnte sich nicht zwischen seinem Shabbat-Hemd mit den bunten Dinosauriern und dem mit den vielen Walen entscheiden, Jaakov wollte noch eine Runde Tischkicker zocken und Anath hielt Sarah mit besonderen Frisurwünschen auf Trab, nachdem sie hörte, dass diese eine echte Hair-Stylistin war.

Kurz vor Sonnenuntergang wurde es dann ruhig, eine bedächtige Stille breitete sich aus und erreichte auch mein Herz. Wir Frauen zündeten die Kerzen und läuteten so den Ruhetag ein. Aus dem Fenster beobachtete ich, wie die letzten Strahlen der Sonne in einem spektakulären gelb-lila Lichtspiel am Horizont verschwanden und die Welt in eine unwirkliche rosa Farbe tauchten. Kaum war dieses faszinierende Kunstwerk vorbei, funkelten Millionen Sterne am Himmel wie kleine Diamanten, die Nacht trug die Rufe des Muezzins zu uns, Kirchenglocken läuteten in der Ferne und wir speisten mit der jüdischen Familie wie die Königinnen.

Ich überlegte, wie viele von uns durch das Leben hetzen, Zeit zum Innehalten bleibt kaum, rastlos und ruhelos wird das Leben fremdbestimmt durch die Angst, nichts verpassen zu wollen. Schon Gandhi sagte, es gibt Wichtigeres im Leben, als beständig die Geschwindigkeit zu erhöhen. Ich glaube, er hatte Recht. Denn nur wer aufhören kann, durch das Leben zu rennen, erkennt, wie viel Zeit wirklich zur Verfügung steht. Der Shabbat ist für Juden eine wunderbare Gelegenheit, um sich zu besinnen, das Leben achtsamer, langsamer und menschlicher zu gestalten. Vielleicht sollten alle Menschen, egal welchen Glaubens, sich hin und wieder einen Ruhetag gönnen. Denn ich denke, in unserem Leben verhält es sich genauso wie mit dem Stapel Tupperware, der auch nur dann im Schrank Platz findet, wenn man schnell genug die Tür schließen kann. Die Kunst ist, einfach mal auszumisten und sich von all dem unnützen Seelenballast zu verabschieden.

Es war ein wunderschöner Abend, wir lachten viel, die Kinder trugen ihre besten Witze vor und dann gab es Gesang und Tanz. Den wir besser hätten ausschlagen sollen. Sarah nahm den Jüngsten auf ihre Schultern und wirbelte mit ihm durch den Raum. Die Stimmung war ausgelassen – bis ein Schrei durch das Wohnzimmer hallte. Meine Schwester stand wie angewurzelt da, ihr Gesicht drückte eine Mischung aus Ratlosigkeit und Schmerz aus. Der kleine Shmuel auf ihren Schultern weinte, Blut rann aus seinem Mund, Sarah meinte, dass irgendetwas in ihrem Kopf stecke und die Anath fiel beim Anblick ihres verletzten Bruders in Ohnmacht. Ein bühnenreifes Stück.

Rivka nahm ihren blutenden Sohn behutsam auf den Arm, ich reichte ihr ein Geschirrtuch für seinen Mund, was sich später als Levis Gebetsschal herausstellte, und zog Shmuels Zahn aus Sarahs Kopf heraus. Anath kam allmählich wieder zu sich und trank das Wasser, welches ihr Jaakov anreichte. Scheinbar passierte das des Öfteren, denn irgendwie wirkte der Junge keineswegs unbeholfen. Naftali zauberte aus irgendeinem Schrank eine Lego-Schatztruhe heraus, beförderte die Plastik-Dino-Knochen mit einer gekonnten Wurfbewegung in die hinterste Ecke und legte den Zahn seines Bruders behutsam hinein. Dann verlagerte sich das Schauspiel nach draußen.

Levi hatte inzwischen versucht, die Nachbarn zu informieren, da ihnen selbst am Shabbat das Autofahren nicht gestattet war. Der nette Jibriel und seine Frau Alifa eilten mit ihren 5 Kindern im Schlepptau zu Hilfe. Auch einige andere Nachbarn kamen auf die Straße gelaufen und boten Unterstützung an. Wildes Stimmengewirr erfüllte die bedächtige Stille und stand mit Sicherheit dem angeblichen Fremdsprachenwunder des christlichen Pfingstfestes in keinster Weise nach. Innerhalb kurzer Zeit war die Lage klar, sämtliche Menschen wurden in Jibriels Auto verfrachtet, unterwegs Richtung Krankenhaus.

Meine Schwester und ich standen wie gebannt im Hof und blickten uns an, Anath nahm Sarahs Hand und beruhigte sie. Jaakov spielte mit zwei der Nachbarskinder Fußball, Naftali ging nach drinnen und stibitzte etwas vom Nachtisch. Eine surreale Situation, irgendwo zwischen Witz und Wahnsinn. Etwa 60 Minuten später tuckerte Jibriels kleines Vehikel wieder vor und spuckte 9 Menschen aus. Stolz präsentierte der 5-jährige Shmuel seinen älteren Brüdern die neue Zahnlücke und stellte klar, dass er jetzt auch ein Großer sei. So etwas passiere eben, kommentierte Levi achselzuckend die Situation und machte damit Sarah unmissverständlich klar, dass ihr niemand böse sei.

Jibriel und seine Familie wurden als Dank für die Hilfe auf den, dank Naftali, etwas reduzierten Nachtisch eingeladen, die Nacht klang ruhiger aus als sie begonnen hatte und Sarah fand ihr Lachen wieder. In Momenten wie diesen denke ich mir, dass wir zwar durch die Vernunft existieren können, aber die Herzenswärme brauchen, um wahrhaftig zu leben.

# 4

Nach gut einer Woche Wandern war das Meer zum Greifen nah. Ein angenehmer Wind blies Sarah und mir entgegen, mit im Gepäck den Geschmack von Salz und den Duft von Bougainville. Die Abstiege erforderten höchste Konzentration, die Knie schrien nach Pause und auch das Gepäck schob unangenehm. Doch dann waren wir da, die Wellen umspielten meine nackten Füße und der Strand vor uns erstreckte sich kilometerweit. Sarah und ich beschlossen, in dieser Nacht einfach ohne Zelt am Wasser zu schlafen, nur eingehüllt in unsere Schlafsäcke, während das sanfte Treiben des Wassers uns in den Schlaf wiegen durfte.

Der Shvil verlief einige Tage direkt am Wasser entlang, Fischer, Jogger und Spaziergänger begegneten uns hin und wieder. Nach dem beständigen Auf und Ab in den Bergen folgte hier eine kleine Abwechslung in scheinbar endlosem Sand. Die unberührte Weite verschlug Sarah und mir die Sprache. Keine überfüllte Strandpromenade mit dröhnender Beschallung aus Lautsprecherboxen und abgetrennten Zugängen für Hotelgäste – einfach spektakuläre Natur, hohe Sanddünen, wildkräuterbesetzte Trampelpfade, meterhohe Felsklippen und das endlose blaue Meer. Ein Traumort für jeden. Wir hätten ewig so weiterlaufen können.

Doch zwischen Netanya und Tel Aviv unterbrachen Sarah und ich unseren Wandertrip für einen Abstecher zu meinen Freunden. Mit dem Bus fuhren wir einige Kilometer landeinwärts, um dann das letzte Stück zu trampen – in Israel der normale Alltag, auch für Frauen. Angekommen fanden wir uns jedoch vor einem Zaun wieder, ähnlich einem Fremdkörper ragte er aus der bildschönen Landschaft heraus und

unterbrach den natürlichen Wuchs von Eichen, Oliven und Zypressen. Nach einem kurzen Telefonat kamen meine Freunde an das Eingangstor geeilt und gewährten uns Einlass. Irgendwie überkam mich ein seltsames Gefühl.

Doch ich war vor allem glücklich, die Familie wiederzusehen. Ruth trug nun wie alle Frauen hier eine Perücke und ein Kopftuch, lange Gewänder ließen keinen Blick mehr auf die nackte Haut zu, offenes Lachen wurde hinter der vorgehaltenen Hand versteckt. Auch Menachem unterschied sich mit seinem langen Bart und dem breitkrempigen Hut optisch nicht mehr von den Männern des Dorfes. Verhalten begrüßte er uns mit einem Kopfnicken, die herzliche Umarmung hatte er scheinbar in Deutschland lassen müssen, offener Körperkontakt schickte sich hier nicht. Erst jetzt wurde mir klar, wie viel Anpassungsleistung notwendig ist, um Teil einer ultraorthodoxen Gemeinschaft zu werden.

In Windeseile hatte sich herumgesprochen, dass zwei weltliche Frauen aus Deutschland das Dorf aufgesucht haben. Geheimnisse schien es nicht zu geben, alles wurde offengelegt und geteilt. Mehrere Frauen umringten Sarah und mich, sie begleiteten uns zum Haus der Familie. Wissbegierig löcherten sie uns mit Fragen und nutzten die Gelegenheit, um Neuigkeiten aus der sündigen Welt zu erhaschen.

Das Wohnhaus der Familie war einfach, klein und bescheiden, doch komfortabel und gemütlich. Bilder zierten die Wände, kleine Basteleien der Kinder schmückten die Fensterbretter, schmutzige Tapser auf dem Fliesenboden verrieten, dass das Leben vorrangig draußen stattfand.

Die Gemeinschaft wurde in den späten 1940er Jahren von Holocaust-Überlebenden gegründet. Viele Familien, die nicht nur ihr gesamtes Hab und Gut, sondern auch ihre Eltern, Geschwister und Kinder verloren hatten, hofften auf ein besseres Leben in der Abgeschiedenheit des israelischen Hinterlandes. Da sie die Shoa als Bestrafung Gottes für sündiges Verhalten einordneten, war das Credo im Dorf fortan die Frömmigkeit. Diese Einstellung führte dazu, dass die Menschen dieser Gemeinschaft in einer Subkultur lebten, der

Kontakt zur Außenwelt war außer zum Einkaufen oder Arbeiten gänzlich minimiert, neue Mitglieder mussten sich dem unterordnen. Ich fragte mich, ob das gegenseitige argwöhnische Beäugen dazu führte, dass keiner der Dorfmitglieder etwas unbeobachtet tun konnte, ob jeder Gedanke, jede Äußerung und jede Handlung stets einer Analyse und Bewertung unterworfen war, ob es so etwas wie Freiheit und Autonomie zwischen all der Enge und Gottesfürchtigkeit, inmitten von Geboten und Verboten überhaupt gab.

Sarah und ich wollten drei Tage zu Besuch bleiben, doch meine Vorfreude bekam langsam kleine Risse. Ich versuchte mir vor Augen zu führen, dass das vorschnelle Urteilen über Menschen, deren Geschichte man nicht kennt, ungerecht ist. Und so verbrachten meine Schwester und ich trotz der Vorbehalte eine wundervolle Zeit zusammen mit meinen Freunden. Wir tauschten uns über gemeinsame Bekannte aus, diskutierten über verschiedenste Themen und erkundeten die wunderschöne, grüne Umgebung. Am Shabbat saßen wir bis spät in die Nacht auf der Terrasse, blickten in den Himmel mit seinen zahlreichen Sternen, lauschten den langsam versiegenden Kinderstimmen und genossen den Moment. Doch die Zeit hinterließ auch Spuren bei Sarah und mir. Denn irgendwie hatten wir den Stempel der Unzüchtigen, der Unheilbringenden erhalten.

An unserem letzten Tag luden die Nachbarn das halbe Dorf zu einem Verlobungstreffen ein, arrangiert vom Vater und Großvater eines knapp 16-jährigen Mädchens. Raheli war „unangenehm aufgefallen", sie rebellierte in der Öffentlichkeit, war interessiert an dem Leben, das sich außerhalb des Zaunes abspielte und stelle zu viele Fragen. Mir war unklar, was daran so ungewöhnlich war, verhalten sich doch alle Jugendlichen in diesem Alter ähnlich. Doch Ruth gab mir zu verstehen, dass fromme Mädchen still sind und dass Rahelis Verhalten nichts mit Gottesfürchtigkeit oder Bescheidenheit gemein hätte. Damit sich der Zorn Gottes nicht gegen sie oder ihre Familie wende und sie rechtzeitig wieder auf den richtigen Weg finde, hatte die Familie entschieden, die Verlobung zwei Jahre vorzuziehen.

Bevor Raheli nicht mehr vermittelbar wäre, vollendete ich den Satz in meinen Gedanken, unklar, ob es der Tatsache entsprach. Irgendwie hat doch jeder Mensch auf dieser Welt Kämpfe auszutragen, von denen wir manchmal nicht die geringste Ahnung haben. Weil sie jenseits unserer Vorstellungskraft liegen. Welchen Kampf musste diese Familie führen? Warum war der Weg über eine Zwangsverlobung der scheinbar beste? Und wissen Eltern wirklich immer, wer das passende Puzzleteil ist? Mein Unverständnis verwandelte sich langsam in Unbehagen. Doch bevor ich es in Worte fassen konnte, fuhr ein Auto vor. Der Auserwählte, ein Jüngling von 17 Jahren, erschien mitsamt der Familie und trat durch die Fahrzeugtür, hinaus in das Leben. Seine Körperhaltung verriet, dass auch er offensichtlich keine Mitsprache bei diesem Arrangement gehabt haben muss, er schlurfte mit gesenktem Kopf hinter seinem Vater her, seine Arme bewegten sich leblos wie die Zizit seines Hemdes, nervöses Zucken umspielte die Augen. Was erwartete er wohl von dieser Zusammenkunft? War er seinen Eltern dankbar, dass sie für ihn die passende Frau gesucht hatten?

Die traditionelle Zeremonie war eine Abfolge von Regeln, welche dem Ziel dienten, zwei vermeintlich passende Menschen zu verloben. Überall im Haus huschten Frauen geschäftig umher, sie steckten Raheli in ein hübsches Kleid, legten ihr Schmuck an, sprachen fromme Wünsche aus und taten klare Belehrungen kund. Das Mädchen war ein Schatten ihrer selbst, sie wirkte verloren in dem Meer aus Bast und Brokat, das ihren schmalen Körper umhüllte. Mit bleichem Gesicht begab sie sich ins menschengefüllte Wohnzimmer, ihr Blick leer wie der Kopf, welcher ihr einfach keinen Ausweg präsentieren wollte. Das Verlobungskleid war ihr viel zu groß, dennoch wirkte es, als würde es ihr die Luft abschnüren.

Die Männer der Runde begrüßten sich und bei Tee und Kuchen entstand ein lebhafter Wortwechsel über verschiedenste Themen. Die Frauen hielten sich zurück, nagten am Gebäck und nippten an ihren Getränken. Hinter vorgehaltenen Händen tuschelten sie aufgeregt, das Ereignis schlug hohe Wellen. Nach einer Weile begab sich Raheli in die Küche, um noch einmal Tee zu kochen. Ihre Aufgabe bestand darin, dem etwaigen Verlobten entweder eine Tasse süßen Tee als Zustimmung zu dem Arrangement anzubieten oder das Getränk ungesüßt zu lassen und sich damit gegen ihn zu entscheiden. Damit diese Meinung jedoch nicht offenkundig wurde, verließen nach der Teezeremonie alle Teilnehmer den Raum. Nur der junge Mann blieb bis zum Schluss, und mit ihm die Entscheidungsgewalt über zwei Leben. Wenn er sein Glas halbvoll stehen ließ, verweigerte er die Verlobung, trank er es aus, würde es einige Zeit später eine Hochzeit geben. Nachdem seine Entscheidung stand, würde auch der Auserwählte den Raum verlassen und der Familie des Mädchens somit offenlegen, wie die Zukunft aussehe.

In den meisten Fällen endeten diese Verlobungstreffen mit Jubel, Sekt und Tanz. Ruth erzählte mir, dass die jungen Menschen froh waren, eine der wichtigsten Entscheidungen des Lebens nicht alleine treffen zu müssen. Vielleicht lag es aber auch daran, dass sie nie in ihrem Leben gelernt hatten, Entscheidungen zu treffen. Alles schien hier ja vorgegeben, die Gesetze der Tora bestimmten Denken und Handeln, der Spielraum zwischen richtig und falsch war extrem klein und damit auch die Entscheidungsfreiheit.

Ich stahl mich aus dem Wohnzimmer, früher als Ruth und die anderen Frauen. Auf dem Weg zur Küche hielt ich inne. Neben Raheli erblickte ich eine Frau, die beiden wirkten vertraut, vielleicht eine Tante, eine Nachbarin oder eine Freundin. Unauffällig gab diese Raheli einen Zweig Wermut. Hatte Raheli überhaupt eine Wahl? Wenn sie diese Chance verstreichen ließ, würde sie undankbar und arrogant wirken, alles andere als sittsam, bescheiden und rein, so wie man es von ihr erwartete. Wenn sie das Arrangement ablehnte, dann würde sie die Ehre der Familie in den Schmutz ziehen. Was sollten die Menschen von ihr und ihrer Familie denken? Ich hatte das Gefühl, die Angst, das Gesicht zu verlieren, zog sich wie ein roter Faden durch die Seelen der Dorfbewohner und drohte sie bei lebendigem Leib zu verschlingen.

Der Wermutzweig verschwand im Ärmel des übergroßen Kleides. Raheli bemerkte mich, unsere Blicke trafen sich. Ich fühlte mich schuldig. Weil Sarah und ich frei waren. Wir dürfen denken, was uns durch den Kopf geht, sagen, was uns bewegt, fühlen, wie uns zumute ist, entscheiden, wonach uns gerade der Sinn steht. Wir sind in der glücklichen Lage, den Beruf zu wählen, den wir für richtig erachten, den Menschen zu heiraten, den wir selbst aussuchen und unser Leben zu gestalten, wie uns beliebt. Freiheit ist unser höchstes Gut, doch allzu oft gerät das in Vergessenheit.

Ich schritt durch den Flur und trat in das gleisende Sonnenlicht nach draußen, sog die frische Luft ein und versuchte, das Gesehene zu verarbeiten. Wie vielen Mädchen und Frauen auf dieser Welt mochte es ergehen wie Raheli? Welches Leben würde das Mädchen nach dieser Zeremonie erwarten? Weiter spannen meine Gedanken nicht, denn mit einem Mal wurde es unruhig, die Dorfbewohner versammelten sich vor dem Haus, einige hatten bereits Sekt-gläser zum Anstoßen in der Hand, die Spannung war greifbar. Sarah und ich verließen die wartende Menge, war uns doch klar, dass niemand jubelnd die Tür durchschreiten und „verlobt" verkünden würde, keine der Frauen würde ululieren, keines der Kinder mit dem Fahrrad klingelnd durch das Dorf kurven und keiner der Männer den Vater zu seiner gottesfürchtigen, tüchtigen, frommen Tochter beglückwünschen. Jeder Anwärter hätte den bitteren Geschmack des Wermut richtig interpretiert, jeder hätte sein Glas halbvoll stehen lassen. Doch ich war mir sicher, Rahelis Schmerz von heute würde ihre Kraft von morgen werden.

Bevor Sarah und ich uns am nächsten Tag verabschiedeten, fragte ich eine ältere Dame, ob denn manche Menschen die Gemeinschaft auch verlassen würden. Es käme schon vor, meinte sie, aber viele kehren reumütig zurück, denn wenn Einsamkeit und Armut die Seele zu zerfressen drohen, sei das einfach nicht in Gottes Sinne. Irgendwie verstand ich sie. Vielleicht müssen wir manchmal die Endlichkeit unseres Daseins spüren, damit wir überhaupt in der Lage sind, Glück zu empfinden. Wie auch immer das bei den einzelnen Menschen aussieht. Hier schien das Glück ein anderes, uns unbekanntes Kleid zu tragen.

Sarah und ich trampten zurück Richtung Tel Aviv, doch die anderen Menschen in dem Truck nahmen wir kaum wahr, in Gedanken waren wir noch immer in dem Dorf und den Bewohnern. Eine Lebensform ausgerichtet nach dem Willen Gottes, ohne Konsumdenken und ohne Habgier. Doch leider auch überschattet von Patriarchat und Heteronomie. Bis dahin war ich der Meinung, dass man in diese Art von Gemeinschaft hineingeboren werden muss, um das Leben als lebenswert betrachten zu können. Doch scheinbar hatten meine Freunde umgeben von klaren Regeln und strikter Ordnung etwas gefunden, das sie bisher vergeblich gesucht hatten: Halt und Orientierung. Für sie war die Auswanderung in dieses ultraorthodoxe Leben die beste Entscheidung, sie wollten dort alt werden, gemeinsam mit ihren Kindern, Enkeln und Urenkeln. Ein anderes Judentum.

# 5

Der Kontrast konnte kaum größer sein, Tel Aviv, die Metropole am Mittelmeer: laut, schrill, bunt, extravagant und individuell. „Big Orange" ist nicht nur die zweitgrößte Stadt des Landes, sondern zugleich auch der Ort zum Spaß haben, Ausgehen und Feiern. Zudem finden Kunstliebhaber und Architekturinteressierte in der Weißen Stadt mit zahlreichen Museen, Galerien und Märkten ein Eldorado, die Gay-Szene wirbt mit zahlreichen Events und zelebriert ein hohes Maß an Weltoffenheit und Toleranz, die Strände locken zum Kiten, Wellenreiten und Sonnenbaden – oder Matkot. In Tel Aviv befindet man sich Lichtjahre entfernt von Frauen mit Perücke, Tuch oder gar Spitzel sowie Männern mit Schläfenlocken. Stattdessen wird Freizeit hier großgeschrieben. Die Shabbat Night Fever Partys, in die sich leichtbekleidete junge Leute stürzen, sind Teil des Lebensgefühls. Und darüber hinaus finden sich unzählige Boutiquen und Malls, in denen Kommerz zelebriert werden kann. Welch ein Kontrastprogramm.

Zwei Tage verweilten Sarah und ich in der pulsierenden Stadt, bis wir am Yarqon weiterzogen. Der Shvil verläuft nicht direkt durch den Verkehr Tel Avivs, sondern verbindet Parks und Grünanlagen gekonnt miteinander. Zweimal durchwateten wir mit nackten Füßen den Fluss, vorbei an unzähligen Menschen beim Picknick. Die urbanen Szenen aus weißen Flachdachhäusern, wilden Gärten und einfachen Gassen zogen an uns vorbei. Und mit ihnen Kinderlachen, Hundegebell und Autohupen.

Die nächsten Dörfer begrüßten uns mit flirrender Hitze und unerträglicher schwüler Luft. Das Wandern zwischen Olivenhainen, Madonnen-Lilien, Frauenschuh und Storchschnabel bereitete Sarah und mir durchaus Mühe, schnaufend ging es bergauf und bergab. In einem Pinienwald kam uns eine arabisch-sprechende Familie entgegen. Mutter und Vater, bemüht wie sportlich-dynamische Wanderer auszusehen, begrüßten uns freundlich, tauschten ein paar Worte aus und wünschten uns eine gute Weiterreise. Die beiden jugendlichen Kinder dahinter, in Flip Flops und mit einer Erdnussflips-Tüte in der Hand, wirkten dagegen mäßig begeistert, ihr Unmut angesichts der erzwungenen Naturerfahrung stand ihnen ins Gesicht geschrieben. Sarah verkniff sich ein Lachen und zog schnellen Schrittes an ihnen vorbei. Bis vor wenigen Jahren hätte sie sich als drittes, demotiviertes Kind mit einreihen können.

Dann erstrechten sich grüne Landschaften, die nur durch die blauen Blüten von Lupinen, Borretsch und Kornblumen unterbrochen wurden, bis zum Horizont. Kein einziger Wanderer kreuzte mehr unseren Weg, tagelang begegneten wir keiner Menschenseele. Und plötzlich lag die Hälfte des Weges hinter uns, fortan würden Sarah und ich den Negev bis nach Eilat durchqueren. Schritt für Schritt veränderte sich die Landschaft, Grün wurde zu einer Besonderheit, zu einer Wohltat für die Augen und für die Seele.

Der Yatirwald stellte nicht nur den Übergang von Israels grünem Norden in den sandigen Süden dar, sondern bildete zugleich auch die Grenze zwischen dem Autonomiegebiet Westbank und Israel selbst. Umringt von Kiefern, Zypressen, Tamarisken, Feigen und Johannisbrotbäumen, die vor vielen Jahren vom KKL zum Zwecke der Wüstenstoppung gepflanzt wurden, schlugen Sarah und ich unser Zelt auf – ein letztes Mal auf weichem Waldpfad. Erschöpft schliefen wir ein, doch dann schreckten wir plötzlich aus dem Schlaf hoch, Schüsse durchbrachen die Stille. Woher sie kamen, wussten wir nicht. Vielleicht von einer Militärübung, vielleicht von der nahegelegenen Grenze. Fragend zogen wir weiter.

Immer dem Dunst nach, der vom Toten Meer rührte. Sarah hatte sich eine Wüste mit weichem, hellem Sand vorgestellt. Dass hier in Israel eher massive Felsen und harte Steine dominieren, war für sie erst nur ein wenig enttäuschend. Doch das Zelten auf dem harten Boden trug nicht zur Besserung der Stimmung bei. Und dann schlug die Stimmung gänzlich um, Sarah war auf ihrem persönlichen Tiefpunkt angelangt, die Hitze, die Einsamkeit, das Wassertragen, einfach alles nervte. Irgendwann kommt jeder Wanderer an diesen Punkt, bei dem es entweder nach Hause oder weiter geht. Meine Schwester schritt mir hinterher, sie hatte keinen Blick mehr für die atemberaubende Landschaft, die den Shvil einrahmte wie ein Passepartout ein kostbares Gemälde. Der ausgetrocknete Flusslauf schlängelte sich vorbei an hohen Felswänden, Pflanzen, die scheinbar noch nichts von der lebensfeindlichen Wüstenwelt gehört hatten, kämpften um die Logenplätze in den kleinen Steinnischen, jeder Schritt wurde von einem Knirschen begleitet, die Luft war trocken und schmeckte salzig.

Und dann standen wir mit einem vor dem Toten Meer, einfach so, mitten in der Wüste. Ohne Vorankündigung war der Dunst plötzlich keine Fata Morgana in der Ferne mehr, direkt vor uns bot sich der Blick auf ein unbeschreibliches Naturschauspiel. An geeigneter Stelle legten Sarah und ich unsere Rucksäcke ab und traten ein in diese unwirkliche Welt. Über faustgroße Salzkristalle, vorbei an scharfkantigen Felsen und spitzen Steinen gelangten wir wankend ins Wasser. Es war ein überwältigendes Gefühl. Wenn man versucht, sich ins Wasser zu legen, dann wird man einfach zurückkatapultiert wie von einem Trampolin, es ist unmöglich, zu versinken oder zu schwimmen. Sarah und ich glucksten vor Freude, wir waren aufgedreht wie zwei kleine Kinder an ihrem Geburtstag. Mehr als eine Stunde blieben wir im Wasser und genossen diesen einzigartigen Moment. Einfach mittendrin zu sein und die Natur mit allen Sinnen zu erfahren, kann niemals durch Worte oder Bilder Ausdruck finden, jeder Versuch würde die Intensität der Empfindungen schmälern. So unbeschreiblich fühlte es sich an. Sarah begann, diesen inneren Frieden wieder als etwas Wunderbares zu verstehen, jetzt wollte sie weiter...

Nach dem kleinen Bogen gelangten meine Schwester und ich an den Maktesh Katan Krater, eine fast unwirkliche Mondlandschaft aus verschiedenen Gesteinsarten in Rot, Violett und Gelb. Wir durchschritten den Krater, kein

Wind wehte, kein Lebewesen huschte uns über den Weg, es war gespenstisch schön. Das Yahal Nemin Valley schloss fast direkt an, als wöllten sich diese beiden Gebiete einen Wettstreit um den schönsten Platz am Shvil liefern. Zerfurchte Steinwände ragten rechts neben uns empor, gleichzeitig ging es auf der anderen Seite mehrere hundert Meter senkrecht nach unten. Auf dem schmalen Weg, inmitten dieser Erosion mit gigantischen Ausmaßen mussten Sarah und ich wie kleine Ameisen wirken. Ehrfürchtig wanderten wir entlang der treppenartigen, horizontal geschichteten Felsformationen. Beim genauen Betrachten wirkte das Bild, als hätte jemand ein großes Stück Schwarzwälder Kirschtorte abgeschnitten und dadurch die verschiedenen Creme- und Obstschichten offengelegt.

Doch die Hitze ließ uns das Blut in den Ohren sausen, der letzte von 8 Litern Wasser ging langsam zur Neige. Und so schritten Sarah und ich weiter, wir wollten die kleine Quelle Ein Yorkeam zum Erholen und Schlafen vor Einbruch der Nacht erreichen. Denn ohne ausreichend Erholung wäre der bevorstehende Mount Karbolet nicht zu bezwingen, hieß es.

Der Aufstieg war aufgrund der steilen Neigung zwar anspruchsvoll, besonders für die Fußgelenke, aber machbar. Wie eine Schlage zog sich der schmale, verwegene Pfad entlang einer Bergkette, ungesichert wanderten Sarah und ich Richtung Gipfel. Die Sonne tauchte am Horizont auf, verwandelte den Himmel in ein Meer aus Violett und Rot, tauchte die unwirkliche Marslandschaft unter uns in knalliges Orange, offenbarte die scharfkantigen Felsen und machte uns wieder einmal klar, wie nah wir jeden einzelnen Moment erleben und spüren können, wenn wir uns nur darauf einlassen. Sarah und ich begegneten keiner Menschenseele, nur meine Schwester und ich, umgeben von endloser Weite, schroffen Felsen und kleinen Wasserlöchern. Oben angekommen, bauten wir ein Steinmännchen, stellvertretend für all unsere bisherigen Errungenschaften. Wäre das Leben einfach, könnte es ja jeder.

Dann ging es weiter durch den Negev, Sarah und ich liefen oft stundenlang schweigend nebeneinander her. Nicht, weil wir uns nichts zu sagen hatten, sondern weil wir die Möglichkeit erhielten, innezuhalten und zu warten, den Gedanken freien Lauf zu lassen. Wenn man durch einen monumentalen Canyon wandert, die Füße den Staub aufwirbeln, die Sonne ihre Strahlen durch die überdimensionalen Felswände streckt und so viel Reichtum, so viele verborgene Details in einer derart reduzierten Umgebung offenbart, dann ist das einfach ein überwältigendes Gefühl. Plötzlich wird man frei von Erwartungen, das Herz öffnet sich und man ist gespannt, was man in der Welt findet. Manchmal hielt ich im Gehen einfach inne und lauschte. Wenn die Landschaft des Negev eine Komposition wäre, dann würde jeder Schritt von Ludovico Einaudis „Elements" begleitet werden.

Nach wenigen Tagen erreichten wir die einzige echte Oase, fast unwirklich muteten das mannshohe Schilf, die Eichen und Akazien an, ein dünner, leuchtend grüner Fleck eingerahmt von felsiger Wüstenlandschaft. Wer kann den Wert des Wassers mehr schätzen als Wanderer in der Wüste?

Der Negev bedeckt fast 60 % Israels, so liefen Sarah und ich viele Wandertage durch die Wüste. In dem Moment, in dem sich Sand und Steine zu einem Meer aus Dünen und Hügeln vereinen, dann wird es sehr still. Und wenn man nichts mehr hört, außer den eigenen Atem, dann verwandelt sich diese Stille plötzlich, sie wird laut, denn die Seele erwacht und findet wieder Worte. Manchmal auch ein Lachen. Oder

ein Weinen. Es heißt, die Wüste bringt auch unser Innerstes zum Vorschein. Und es ist wahr. Über Gefühle zu schreiben, ist das eine, aber Gefühle zuzulassen zu können, das ist wie eine Befreiung, eine Öffnung nach außen. Viele einzigartige Eindrücke wären wahrscheinlich einfach vorübergezogen, wenn wir nicht so empfänglich und gleichzeitig so verwundbar gewesen wären.

# 6

Als der Negev für kurze Zeit ein wenig sandiger war, erblickten Sarah und ich am Horizont zwei Gestalten. Ihre Füße waren durch den aufwirbelnden Staub kaum sichtbar, langsam schoben sich die Wolken vor die Sonne und gewährten einen Blick auf ihre Gesichter. Ein Großvater und seine Enkeltochter, die optisch so gegensätzlich waren, wie man sich nur vorstellen kann, steckten lange Metallstangen in den Boden. Aufgeregt erklärte die Kleine uns, dass hoffentlich ein Blitz einschlagen und einen Fulguriten formen würde. Sarah und ich blickten gen Himmel, die Wolken hatten sich tatsächlich verändert, aber ich zweifelte, ob ein Gewitter aufziehen würde. Nur wenige Augenblicke später war ich froh, das Angebot, mit Mendua und Ariel in einer kleinen Höhle zu warten, annehmen zu können. Sarah und ich wären wahrscheinlich hoffnungslos überfordert gewesen in Anbetracht der Tatsache, dass urplötzlich der Himmel ein Gewitter schickte, das seinesgleichen suchte. Wilde Blitze zuckten, das Donnergrollen hallte in den Felswänden wider, prasselnder Regen stillte den Durst des Bodens. Doch schon nach einer Viertelstunde vereinigten sich die Wolken mit den Farben des Himmels, ein Regenbogen überspannte die Wüste – welch unvergleichliche Märchenlandschaft.

Ariel zog die Metallstangen heraus, kleine Schweißperlen bildeten sich auf seiner markanten Nase und rannen zwischen den unzähligen Falten des dunklen Gesichtes nach unten, um für immer im Hemdkragen zu verschwinden. Die schwarzen Haare wehten im Wind, seine kräftigen Hände hatten die Stangen fest im Griff. Mendua kniete im Sand und buddelte vorsichtig. Plötzlich hielt sie ein kleines Gebilde zwischen ihren zarten Fingern, behutsam betrachtete sie es, strich sanft darüber, als handle es sich um einen zerbrechlichen Schatz. Stolz präsentierte sie uns ihr Fundstück, ein triumphierendes Grinsen huschte über ihr Gesicht. Ein Fulgurit. Die Blitzröhre roch verbrannt, war sogar noch warm, eine nicht messbare Energie strahlte von ihr aus. Ich war beeindruckt, wie die Natur solch einzigartige Gebilde formen konnte.

Ob wir denn zu Pessach hier weiterwandern möchten, fragte Ariel in die bedächtige Stille hinein. Sarah und ich blickten uns an, drucksten ein wenig herum. Na dann sollten wir mal mitkommen, wir wären zum Seder eingeladen, meinte der nette Herr und zwinkerte aufmunternd. Meine Schwester verstummte und blickte ihn mit großen Augen an, überrascht über so viel spontane Gastfreundschaft für zwei wildfremde Menschen an Pessach. Mir war die Situation unangenehm, ich wollte nicht, dass sich Ariel genötigt fühlt und versuchte auszuweichen, immerhin stand Pessach überall im Zeichen der Familie. Das sei das wichtigste Fest, meinte seine Enkelin, es werde uns immer in Erinnerung bleiben. Ihr gewinnendes Lachen blies alle meine Argumente fort.

Eine kurze Wanderung und etwa 30 Minuten Autofahren später, kamen wir in Ariels Haus an. Wie die meisten sephardischen Juden lebte auch seine Familie in eher ärmeren Verhältnissen, doch eine unbeschreibliche Wärme und Liebe wohnte mit hier. Das Haus schien aus allen Nähten zu platzen, überall herrschte geschäftiges Treiben, die Menschen tauschten auf den Fluren Lebensmittel und Putzsachen gegen Dekorationsgegenstände und Werkzeuge, Kinder eilten kreuz und quer im Eingangsbereich. Bedächtig stellte uns Ariel etwa 28 Menschen vor, die alle versuchten, die letzten Vorbereitungen für den ersten Pessach-Abend (Seder) zu beenden. Man stelle sich das deutsche Pendant vor, wenn ein Großvater am 24. Dezember mit seiner Enkelin noch mal eben ein paar Stunden in den Wald geht, weil aufgrund der Witterung genau dann besonders viele Pilze zu finden sind, während im Hause der Familie gerade Hochkonjunktur herrscht.

Seine Frau Dana saß in der Küche und drehte kleine Mazze-Kneidel für die Suppe. Ihre arthritischen Finger strichen über den nassen Teig, geschickt entstanden innerhalb von Sekunden kleine runde Bälle. Das Blech füllte sich mehr und mehr, sie hätte keine Hilfe gebraucht, doch freundlich deutete sie auf einen Stuhl neben sich. Sarah nahm Platz und versuchte sich im Kneideldrehen, aufmunternd nickte Dana ihr zu, die kantigen Kneidel meiner Schwester stachen neben den wohlgeformten Bällchen geradezu heraus wie überdimensionale Würfel in einer Schüssel voller filigraner Glasmurmeln, doch es war unwichtig. Dana vermittelte uns ein Gefühl des Willkommenseins, wohlige Wärme ging von ihr aus, ein Lächeln umspielte stets ihre Lippen – sie war mit sich und der Welt im Reinen. Währenddessen rieb ich Äpfel und lernte von Danas Tochter Zippa die Zubereitung von Charosset, einer weiteren Pessach-Spezialität.

Der Nachmittag verging wie im Flug, die Menschen kamen langsam zur Ruhe. Es waren Gäste aus verschiedenen Teilen des Landes, die wiederum Partner aus aller Welt geheiratet hatten. Hinter jedem verbarg sich eine ganz eigene Geschichte. Doch hier war das alles nichtig, die Kinder, Eheleute und Enkel von Ariel und Dana fanden sich ein um zu feiern und füllten das Haus mit Leben. Vielleicht bedeutet Vielfalt letztendlich nichts anderes, als Individuen miteinander zu verzahnen.

Ohne Absprache wechselten die Menschen von einem arabisch-hebräischen Kauderwelsch zu Englisch, damit Sarah und ich alles verstehen könnten. Ich war gerührt, Mendua würde Recht behalten, das Fest blieb mir in Erinnerung. Eine lange Nacht voller ritueller Handlungen folgte, lustige Unterredungen lockerten die Atmosphäre auf, meine Seele begann, sich neu zu sortieren.

Pessach ist ein Fest, bei dem die Freiheit zelebriert wird. Ich stellte mir die Frage, wie frei wir wirklich sind. Wie oft geiseln wir uns und machen uns zu Sklaven einer manipulierten Konsumwelt? Wie oft lassen wir Konzerne über uns entscheiden und unser Denken und Handeln lenken? Ich glaube, wir sind nur dann wirklich frei, wenn wir eine Hintertür aus der Ich-betonten Kommerzwelt gefunden haben und unser Leben mit Sinn füllen können. Wenn wir begreifen, dass es nicht um den besten Deal, das neueste Mobiltelefon und die größte Villa geht. Ich schloss innerlich diese Hintertür und fühlte mich beflügelt. Vielleicht sollten viel mehr Menschen als Gast einmal den tiefen

Sinn des Pessach-Festes spüren dürfen. Es würde so einiges bewegen. Dann würden sie vielleicht bei jedem so freundlichen „Grüß Gott" auch einmal an Gott denken. Und würden dann vielleicht merken, dass wir alle eine große Familie sind. Dass Gott jeden Menschen auf seine Weise liebt und uns diese Vielfalt schickt, damit wir lernen, bedingungslose Liebe zu schenken. Weil das der einzige Weg ist, wie wir uns weiterentwickeln können.

Gegen Ende des Abends bemerkte ich, dass mein Afikomen (die letzte Mazze) nicht mehr in meine Serviette gehüllt war. Traditionell versuchen Eltern und Kinder, sich diese während des Seder gegenseitig zu stibitzen. Wer das Afikomen findet, darf einen Wunsch äußern, wird das Afikomen jedoch nicht gefunden, darf sich der „Dieb" etwas wünschen. Es ist ein lustiges Spiel, denn meist sind die Kleinen zwischen Essen, Fragen, Rätseln und Spielen so beschäftigt, dass sie das Afikomen gänzlich vergessen und dann suchen müssen. Nun war es jedoch umgekehrt, ich war die Bestohlene.

Ich sah Mendua an, keck hielt sie meinem Blick stand. Sie strich sich eine blonde Strähne aus dem Gesicht, ihr Zopf hatte schon bessere Zeiten gesehen, trotz ihrer Müdigkeit hüpfte sie aufgeregt auf und ab. Viel Glück, meinte sie, und forderte mich damit zum Suchen auf. Aus Respekt vor der Privatsphäre vermied ich es, in jede Ecke zu sehen und alle Räume zu durchforsten. Schon bald gab ich mich geschlagen, daher fragte ich Mendua, was denn ihr Wunsch sei. Eine Germanium-Diode, war ihre Antwort. Und ein Kopfhörer wäre auch super, flüsterte sie kaum hörbar hinterher. Fröhliches Lachen hallte durch das Wohnzimmer, scheinbar war keiner außer mir von diesem Wunsch überrascht. Zum letzten Geburtstag wollte sie ein Buch über die wichtigsten Erfindungen, meinte Ariel. Ich blickte das zierliche Mädchen an, ihre blauen Augen löcherten mich ungeduldig. Ich sehe, was sich nach Pessach ergäbe, meinte ich grinsend. Allmählich dämmerte mir, wofür die Diode bestimmt war.

Selbstverständlich löste ich meine Schulden ein und überreichte ihr zwei Tage später eine Germanium-Diode, welche ich bei einem Elektriker im Ort aufgetrieben hatte, gemeinsam mit den Kopfhörern von Sarahs Handy. Mendua strahlte über das ganze Gesicht, in ihrem Kopf schmiedete sie bereits Pläne. Manchmal steckt so viel Großartigkeit in solch einer Kleinigkeit.

Bevor Ariel meine Schwester und mich zurück zu unserem Ausgangspunkt im Negev bringen würde, saßen wir noch bei einer Tasse blutrotem Granatapfeltee im Garten. Viele der Gäste, die hier draußen gezeltet oder in kleinen Zimmern auf Matratzenlagern genächtigt hatten, waren bereits wieder abgereist. Nur eine der Töchter, Tali, war noch mit ihrem Mann geblieben. Gemeinsam mit der Familie saßen Sarah und ich unter einem Feigenbaum und blickten Mendua und ihren Cousins beim Spielen zu. Es war ein kleiner Garten, doch wunderschön, er lud zum Träumen ein. Überall duftete es nach Blüten, die Bäume ragten wie Säulen aus dem Boden, verliehen dem Garten Struktur und unterstrichen die Natürlichkeit. Die Kinder lugten zwischen den Ästen hervor, sie hatten ihren geheimen Aussichtsplatz hoch oben in den Blättern gefunden.

Arglos fragte ich Ariel, warum Mendua nicht bei ihren Eltern lebe. Er blickte mich an, seine braunen Augen verdunkelten sich, er schwieg. Tali ergriff das Wort, ihre Stimme war klar und fest. Mendua lebe den größten Teil des Jahres bei ihrem Vater, die Mutter sei vor 2 Jahren bei einem Anschlag ums Leben gekommen. Islamische Fundamentalisten hätten einen 6-jährigen arabischen Jungen von seinen Eltern „abgekauft", damit er die Familienehre wiederherstellen könne. Mit einer Sprengstoffweste versehen, schickten sie Shamir zu Menduas Dorf. Doch er kam nicht bis dahin. Es war Donnerstag, für viele Juden ein Tag zum Einkaufen und Erledigungen tätigen, auch Mendua und ihre Mutter waren unterwegs, sie kreuzten Shamirs Weg. Der Junge lief ihnen entgegen, rief mit erstickender Stimme, dass er noch nicht sterben wolle, flehte um Hilfe. Menduas Mutter befahl ihrer Tochter, stehen zu bleiben. Das Mädchen erzählte später, ihre Mutter sei zu Shamir gegangen, hätte ihn getröstet, mit ihren Händen seine Tränen von den Wangen gewischt und ihn liebevoll beruhigt. Dann tätigte jemand aus der Ferne den Zünder.

Mir fehlten die Worte, auch Sarah blickte fassungslos zu Boden. Auf alles war ich vorbereitet, doch nicht auf eine derartige Geschichte. Warum tun sich Menschen derartiges Leid an? Wieso ist Macht etwas so Zentrales? Und weshalb haben Destrukteure eine so große Reichweite? Wir werden mit einem reinen Herzen geboren, es ist voll von Liebe, Offenheit und Neugier. Dann wird Hass gesät, Hass gegen Kinder, Frauen, Männer, gegen Menschen. Und doch möchte eigentlich niemand Krieg. Nicht in Israel und auch in keinem anderen Land. Die Menschen wollen in Frieden leben, nebeneinander existieren ohne Angst, ohne Missgunst und ohne Misstrauen. Denn sie wissen, in einem Krieg gibt es keine Sieger, nur Verlierer. Die Tränen eines jüdischen Kindes, das seine Mutter verliert, sind genauso schlimm wie die einer muslimischen Mutter, welche ihren Sohn zu Grabe trägt. Der Shvil war körperlich durchaus machbar, aber emotional hat er mich mehrmals an die Grenze der Belastbarkeit gebracht.

Ariel und Mendua fuhren Sarah und mich wieder zu den Punkt im Negev, an dem sie noch vor wenigen Tagen einen Fulgurit erzeugt und ausgegraben hatten, der Ort, an dem sie Energie verwandelt hatten. Auf dem Weg entdeckte ich eine grüne Linie, die sich durch die karge Landschaft in der Westbank zog und irgendwo am Horizont verblasste. Ich fragte Ariel, was es mit dem pflanzenreichen Landstrich auf sich habe, ob das ein Projekt des KKL wäre. Der ältere Mann verneinte, das sei das Resultat maroder Wasserleitungen. Die Wüste könne nur deshalb entlang der Leitungen blühen, weil die Fatah unzählige Millionen Schekel, welche die israelische Regierung für die Sanierung bereitgestellt hatte, stattdessen in Waffen investiere. Um unschuldige Menschen zu töten. Bei diesen Worten konnte ich seinen Schmerz fühlen als wäre es mein eigener. Ich wusste, er würde niemals den Verlust ganz verkraften, ein Teil seines Herzens ist nicht mehr in der Lage, unbekümmert in die Welt zu blicken. Wie viele Menschen werden beim Anblick dieses grünen Streifens an ihr Seelenleid erinnert?

# 1

Kurz vor Einbruch der Dunkelheit waren Sarah und ich wieder in der Wüste. Noch einmal genossen wir die Einsamkeit und die Schönheit des Negev, die sich karg und herb vor uns präsentierte. Einzelne Steinböcke sprangen über den felsigen Boden und grasten die letzten Büschel ab, kleine Klippschliefer huschten über die aufgewärmten Steine, meterhohe Felsen durchschnitten die Wüste, die Sonne tauchte unter. Der noch fast volle Pessach-Mond zauberte eine unheimliche Kulisse, ein schwarzes Vakuum, im Hintergrund ragten die Umrisse des Barak Canyon gen Himmel, die Silhouette einzelner Felswände vor uns verschwamm mit dem Horizont. Wir waren umgeben von den Elementen, keine Ablenkung, nur die Welt in ihrer einzigartigen Schönheit.

Wenn man eine lange Zeit den Tag nur mit Wandern füllt, dann verliert man das Gefühl für Raum und Zeit, fast automatisch setzt der eine Fuß vor den anderen, immer und immer wieder. Und so zogen die wenigen Tage bis Eilat fast im Eiltempo an Sarah und mir vorüber. Der Taktschlag hatte sich erhöht, wie bei Pferden, die nach einem langen Ausritt den Stall wittern und Tempo aufnehmen. Die letzten Male genossen wir das Farbspiel, das die Sonne morgens in der Wüste malte, wenn sie den Tag begrüßte. Die letzten Male picknickten wir mit anderen Wanderern, mit Fremden, die zu Vertrauten wurden. Die letzten Male weinten wir, weil uns die Gefühle einfach übermannten.

Nach 5 Wochen erreichten wir den südlichsten Punkt des Israel Trails. Hoch oben auf den Gishron Klippen ließen Sarah und ich den Blick schweifen. Für einen kurzen Augenblick war es nicht die Hitze, sondern der Ausblick, der uns den Atem raubte. Die ersten zaghaften Strahlen der Sonne durchbrachen

den Horizont und trennten das azurblaue Meer vom tiefblauen Himmel. Wie verzaubert hielten wir inne. In der Ferne ließ sich bereits Eilat erahnen.

In Eilat gab es keine Ziellinie, die Sarah und ich überlaufen mussten, mit Blick auf die Anzeigetafel, welche Bestzeit wir wohl erreicht hätten. Es gab auch keine Medaille, keine Urkunde, keine Glückwünsche. Denn der Shvil ist ein kein Marathon, keine sportliche Herausforderung. Der INT ist ein Weg, welcher nach innen führt, in unsere Seele, ein Pfad, der uns verändert, wenn man bereit ist, sich auf ihn einzulassen. Man kann zu sich selbst finden, zu anderen Menschen, zur Natur und auch zu Gott. Denn der Shvil zeigt uns Grenzen auf, aber ebenso die Möglichkeiten dahinter.

Zwei Tage später, auf dem Weg zum Flughafen, dachte ich an die Menschen, denen wir auf dem Shvil begegnet sind und fragte mich, was sie wirklich ausmacht. Es sind Dinge, die mit den Inhalten westlicher Medien rein gar nichts gemein haben, fast das Gegenteil. Die Menschen, die Israelis, denen Sarah und ich begegneten, waren so unterschiedlich wie das Land selbst, doch alle öffneten ausnahmslos ihre Türen und ihre Herzen, boten ihre Hilfe an und lebten Gastfreundschaft. Sie luden uns zu Feierlichkeiten in ihre Häuser ein, teilten Freud und Leid mit uns, lachten über die entstandenen Fotos und erzählten bewegende Geschichten. Israel ist das beste Beispiel, welch große Kluft zwischen den Medien und der Bevölkerung herrscht.

Wenn man den Shvil wandert, fällt irgendwann der Groschen: Es geht eigentlich darum, Israel nicht auf wenige Begriffe zu reduzieren, denn das wäre einfach alles andere als ehrlich. Israel ist lebendig, fortschrittlich, demokratisch, multikulturell, sicher und frei. Das Land ist reich an Kultur, aber auch Sport, Freizeit, Genuss und vieles mehr findet seinen Platz. Wenn Menschen zusammen wandern, baden, lachen, essen, feiern, dann bringt sie das ein Stück näher zusammen. Und dann entsteht Verständnis. Und darum geht es letztendlich, nicht auf Rechte zu pochen, sondern andere zu gewinnen. Dann beginnt Veränderung. Im Kopf und im Herzen.

## 8

Zu Hause informierte ich mit genauer über den KKL, denn auf dem Shvil waren Sarah und ich nahezu immer umgeben von deren Arbeit. Ob die Umstellung von Sprinkleranlagen auf Tröpfchenbewässerung in der Landwirtschaft, Recycling von Abwässern zur Schonung von Ressourcen, die Anlage von Wäldern zur Verhinderung der Wüstenausbreitung, dem Initiieren von Parks zu Erholungszwecken für die urbane Bevölkerung, die Gestaltung von Therapiegärten für soziale Einrichtungen oder die Verhinderung von Waldbränden und Erosionen durch gezielte Präventionsmaßnahmen – KKL setzt sich seit vielen Jahren für die Begrünung aber auch für die Biodiversität sowie den Schutz von Ressourcen in Israel ein und ist damit Vorbild für viele andere Länder dieser Welt. Doch KKL ist weit mehr als eine ökologische Organisation, vielmehr leistet die Institution auch einen großen Beitrag im sozialen Bereich, wenn sie im Rahmen ihrer Projekte Kinder und Familien, Touristen und Rentner zusammenbringt und so ein gemeinsames Bewusstsein für die Natur schafft.

Die Arbeit, ob im grünen Norden oder im trockenen Süden, ist geprägt durch ökologisches Denken, aber auch durch gegenseitigen Respekt, ehrliches Interesse und hohe Bereitschaft zur Veränderung. Für mich war es schön zu sehen, wie aus Freude etwas Nachhaltiges entstehen kann. Jeder Baum, jeder Setzling wurde finanziert durch Spender und Spenderinnen, welche an die Vision des KKL glauben. Hinter jedem Shekel steckt daher weit mehr als nur Geld, vielmehr ist es das Vertrauen in eine ökologisch-soziale Zukunft.

Vielleicht sollten wir öfter wie Kinder sein, die einfach zu träumen wagen und so scheinbar Unmögliches verwirklichen. Wir Gärtner und Gärtnerinnen können uns auch außerhalb unseres grünen Refugiums arrangieren, für eine grünere Welt und damit vielleicht auch für eine sozialere Welt. Denn ökologisches und soziales Denken ist enger verstrickt, als die meisten Menschen annehmen. Und oft beginnt die Liebe mit dem ersten Blick, warum sollte das nicht über einen gepflanzten Baum in Israel gehen?

Auch wenn wir uns oft dessen nicht bewusst sind, ist Deutschland gesegnet: Wechselnde Jahreszeiten mit beständigem Regen und ausgeglichenen Temperaturen sowie einem guten Boden, der sich auch ohne menschliches Zutun regenerieren kann. Viele Gesetze zum Schutz der Ressourcen sowie nachhaltiges Denken, das sich sogar in Gesetzen manifestiert.

Im Gegensatz dazu muss die Bevölkerung in den meisten anderen Ländern der Welt die menschliche Zerstörung durch intensive Arbeit wiedergutmachen. Das Verständnis für die Wichtigkeit einer intakten Umwelt fehlt oftmals, weil andere existenzielle Sorgen überwiegen. Und viele westliche Konzerne nutzen die Not der Zweit- und Drittländer aus, um ihre eigenen Taschen auf Kosten der Bevölkerung voll zu schöpfen.

Wer sich daher für eine bessere und auch grünere Welt einsetzen möchte, hat auch außerhalb des eigenen Gartens verschiedenste Möglichkeiten dazu. Es muss nicht KKL sein, ebenso andere Länder verfügen über seriöse Organisationen, die ökologische Projekte auf eine sehr soziale Art vorantreiben.

Eine meiner Studienkolleginnen war in Uganda, wo sie den Studenten einer Landwirtschaftsschule Deutschunterricht geben sollte und im Gegenzug erfuhr sie über die Arbeit der Menschen. Diese versuchten, brachliegendes Acker- oder Weideland wiederherzustellen. Einerseits ging es darum, zu verhindern, dass Bauern Naturwälder roden, um neue landwirtschaftliche Nutzflächen zu generieren und andererseits war es ein Versuch, die Landflucht zu minimieren. Doch Land wiederherzustellen, einen Food-Forrest anzulegen oder Sanierungsmaßnahmen einzuleiten, kosten Geld. Spendengelder.

Ein alter Freund aus Kindheitstagen war mehrere Wochen in Südostasien unterwegs und bereiste Laos, Kambodscha, Myanmar und Thailand. All die Menschen dieser Länder haben Reis als Grundnahrungsmittel, doch der konventionelle Reisanbau ist eines der größten Klima- und Natursünden. Mehr die Hälfte aller Urwälder mussten für Reisterrassen weichen, etwa 20 % aller Methangasemissionen ist auf die Reisfelder zurückzuführen. Dabei geht es auch anders: Einzelne Reissetzlinge werden gepflanzt, die Flächen werden nur zeitweise geflutet, in der Trockenzeit düngen die Bauern die Felder mit organischem Material. Dank dieser Methode erhalten die Reispflanzen mehr Licht, Luft und Nährstoffe, die Ernten fallen um bis zu 50 % höher aus, wobei die Kosten geringer sind. Infolgedessen kann auch eine wachsende Bevölkerung mit Reis versorgt werden, ohne neue Naturflächen zu roden. Doch leider arbeiten noch immer die meisten Regierungen gegen diese Art des Reisanbaus und boykottieren die Bauern durch reduzierte Subventionen. Daher sind diese Menschen auf Spenden angewiesen, auch die Aufklärungs- arbeit wird mithilfe von finanziellen Unterstützern vorangetrieben.

Eine Nachbarin hatte auf ihrer Reise nach Brasilien erschreckende Entde- ckungen gemacht. Wie in vielen anderen Teilen der Welt wird auch dort Primärwald in einem rasanten Tempo abgeholzt. Ob Brasilien, Burma, Thai- land, Borneo, Philippinen oder Somalia – mehr als 90 % des ursprünglichen Regenwaldes sind dort bereits verschwunden. Auch andere Länder wie Sudan, Jemen, Nigeria, Ruanda, Haiti oder Pakistan verzeichnen durch die massenhafte Entwaldung einen rasanten Anstieg von Wüstenausbreitung, Bodenerosion und Versalzung. Dabei verfügen aber genau diese Naturwälder über die größte Biodiversität, welche nach den Kahlschlägen für immer verschwunden bleibt. Es gibt zahlreiche private und staatliche Initiativen, welche es sich zum Ziel gemacht haben, gegen Holzeinschlag vorzugehen. Die Methoden sind dabei so unterschiedlich, wie auch erfolgreich. Doch auch hier sind Spenden vonnöten.

# 9

Auch wenn wir Gärtner und Gärtnerinnen wertvolle Dienste für die Natur leisten, so haben wir dennoch ebenso eine Verantwortung der Welt gegenüber. Denn in irgendeiner Art und Weise tragen auch wir dazu bei, dass weltweit die Natur mehr und mehr verschwindet: wenn wir mit dem Flugzeug in den Urlaub fliegen, Fleisch konsumieren, billiges Holz kaufen, den preiswertesten Stromanbieter wählen oder nicht nur saisonale Produkte essen möchten. Dabei müssen wir das aber nicht immer mit einem schlechten Gewissen verbinden. Denn wir können weder das Absterben der Korallen im Great Barrier Reef verhindern, noch die Abholzung von Regenwäldern für die Teakholzindustrie und schon gar nicht Einfluss nehmen auf Werbung und Lobbyismus. Doch wir können Bewegungen unterstützen und etwas Positives voranbringen.

Es ist erstaunlich, welch enorme Auswirkungen von scheinbar kleinen Lösungen ausgehen. Schon diese individuellen Veränderungen führen dazu, dass politische Entscheidungen getroffen werden, um die Natur zu bewahren. Diese Bewegungen verändern auch die Normen und Werte einer Gesellschaft. Nur wenn wir zum „wir" werden, gibt es ein Zuhause. Die Netzwerke menschlicher Gemeinschaften bewirken Fortschritte, schaffen Arbeitsplätze, beenden Kriege und schützen die Natur. Eine Win-win-Situation für alle.

# Kapitel 5

## Die Symphonie der Ebenen

### 1

Die Jahre hatten mich in die entlegensten Winkel der Erde geführt, aber auch Reisen direkt vor unserer Haustür waren spannend und voller Magie. Viele Inspirationen für meinen Balkon, meinen Garten und auch mein Leben sind durch die Reisen entstanden, Ideen konnten reifen und Erfahrungen komplettierten das Ganze zu einem wunderbaren Ganzen. Ich hatte meinen Seelenfrieden in meinem grünen Refugium gefunden.

Bis ich auf die Idee kam, mich zu erweitern. Ich weiß bis heute nicht, was mich dazu bewegt hat. Vielleicht der Wunsch, gänzlich unabhängig meine Lebensmittel erzeugen zu können und meinen kompletten Bedarf an köstlichen, frischen und gesunden Obst und Gemüse allein anzubauen. Kein leichtes Unterfangen, doch wie so oft, spielte der Zufall in meine Karten.

Ein Krautgarten-Stück wäre wieder erschlossen, hieß es in der Kleingartenanlage, fertig zum Verpachten. Bis dahin hatte ich dem großen Feld, welches in verschiedene Areale eingeteilt war und ein eher tristes Dasein am Rand der Kleingartenkolonie führte, versteckt hinter der letzten Reihe Lauben, nicht sonderlich viel Aufmerksamkeit geschenkt. Dann stattete ich der Randzone einen genauen Besuch ab. Was früher landwirtschaftlich zerstört wurde, stand nun dem Kleingartenverein zur Verfügung, in der Hoffnung, dass einige „Ökos" die ausgelaugte Erde wieder sinnvoll nutzbar machen könnten. Ein wenig dekadent, schoss es mir als ersten Gedanken durch den Kopf. Immerhin waren es ja nicht die Kleingärtner, welche den Boden bis zur Erschöpfung nutzten, ihn überdüngten, sämtliche Mikroorganismen töteten und dann sich selbst überließen, sodass Wind, Sonne und Regen ihr Übriges anrichteten. Doch nun konnten sie diese kleinen Feldareale pachten und zugleich Verantwortung übernehmen. Ich blickte mich um und sah die bereits existierenden Krautgärten genau an. Sie waren mit größter Sorgfalt bepflanzt, verschiedenste Gemüse-, Obst- und Beerenarten gemischt mit Blumen und Stauden rangen um Anerkennung auf diesem fast lebensfeind-lichen Boden. Wie zum Trotz reckten Sonnenblumen ihre Köpfe in den Himmel und strahlten mit der Sonne um die Wette, die ersten Weinreben rankten um selbstgezimmerte Gerüste, kleine Zwergbäumchen öffneten ihre Blüten und etablierten sich zwischen unverwüstlichen Brombeeren.

Ohne lange zu zögern, meldete ich mich beim Vorstand und bekundete Interesse an dem neuen, mit einem Wasseranschluss versehenen (Un-) Krautgarten-Areal, etwa 280 m² groß. Der Traum einer jeden Visionärin. Keine Woche später entfernte ich die ersten fast hüfthohen Disteln, um mir überhaupt erst einmal den Weg zum Wasseranschluss zu bahnen. Der Blick schweifte über die zahlreichen Beikräuter, welche zwischen mir und meiner zukünftigen Ernte wuchsen – wer etwas bewegen will, sollte nicht um 16 Uhr Feierabend machen.

Gegen Ende des Herbstes hatte ich zumindest Beete und Gehwege angelegt, einen dreigeteilten Komposter mit übrigen Betonplatten installiert und aus-reichend Gründüngung gesät. Zwischen April und September war ich wo-chenlang im Garten verschwunden, um Parzelle und Krautgarten gleicher-maßen gebührend Zeit und Aufmerksamkeit einzuräumen. Dann brachte der Winter etwas Ruhe, ich konnte mir Gedanken um die weitere Gestaltung machen.

Doch irgendwie kam mir keine zündende Idee, zumal sich die Investitionen in Arbeit, Zeit und Geld im Rahmen halten mussten. War die spontane Aktion vielleicht doch ein Schnellschuss? Musste die Gestaltung des Krautgartens letztlich deshalb scheitern, weil ich mich heillos übernommen hatte? Ist die Idee der Selbstversorgung nichts anderes als eine Lüge?

Ich verschob alle weiteren Überlegungen auf die Zeit nach meinem Urlaub, der Kopf war einfach zu voll und zugleich zu leer. Es sollte die vorerst letzte Fernreise werden, denn ich hatte Nachwuchs geplant und war der Meinung, dass man kleinen Kindern stundenlanges Fliegen, Jetlag, Klimaumschwünge und Backpack-Abenteuer definitiv ersparen kann.

Daher fragte ich meine Costa-Rica-Begleitung, ob sie auch Indonesien mit mir erkunden wolle. Im Januar 2015 stieg ich dann vorerst das letzte Mal in den Flieger und ließ mich weit wegbringen, die Inseln Bali und Lombok standen auf dem Programm. Unvoreingenommen wollte ich die gut erschlossenen und ruhigen Inseln erkunden. Nichtsahnend, dass ich dort die Antwort auf meine Krautgarten-Frage erhalten würde.

# 2

Zuerst stand jedoch wieder einmal der Jetlag auf dem Tagesplan, aufgrund zahlreicher Flugverspätungen und dadurch zwei Tagen Anreise heftiger als in je einem anderen Land zuvor. Ich war heilfroh, einfach weit weg vom Flughafen meine Schlafmangel-Migräne in einem kleinen Hotel auskurieren zu können. Dazu vernahm meine Reisebegleitung, in der 8. Woche schwanger, nun doch ein etwas flaues Gefühl in der Magengegend, vielleicht kündigte sich die berüchtigte Schwangerschaftsübelkeit an – was für ein Start!

Die Inseln Bali und Lombok sind im Vergleich zu anderen indonesischen Inseln eher klein und überschaubar, dafür können sie jedoch mit einem großen kulturellen Schatz aufwarten. Auch Naturerfahrungen auf dem Land oder im Wasser zählen zu den Highlights einer jeden Reise. War am Anfang unser Plan, die Inseln mit dem Fahrrad zu erkunden, schlugen wir uns dieses Vorhaben beim Anblick der archaischen Fahrweise der Einheimischen sowie den eher beklagenswerten Straßenverhältnissen schnell aus dem Kopf. Immerhin hatte ich versprochen, meine schwangere Freundin heil und gesund wieder nach Hause zu bringen – waghalsige Aktionen blieben also außen vor. In Indonesien konnte man zu diesem Zeitpunkt für weniger als 100 Euro eine Woche lang einen Mietwagen samt lokalen Fahrer, der über Ortskenntnis verfügte und Herr über die regionalen Gepflogenheiten war, buchen. Meine Freundin und ich hatten Glück, bereits bei der ersten Nachfrage stellte sich ein freundlicher Herr, der einst als Landwirt gearbeitet hatte und Englisch beherrschte, als Fahrer und Guide zur Verfügung.

Eine Tour durch das Zentrum Balis ist wohl die schönste, welche man überhaupt auf der Insel unternehmen kann. Denn verschlungene Straßen führten meine Freundin und mich durch eine faszinierende Landschaft mit lebhaften Dörfern und ihren gastfreundlichen Bewohnern, entlang unberührter Wälder und über hohe Gebirgskämme von außerordentlichem Reiz. Immer wieder erlaubten kleine Nischen in der kurvenreichen Bergstraße überraschende Einblicke in die kunstvollen Reisterrassen oder zu exotischen Tempeln.

In der Nähe eines Dorfes stellten wir das Auto ab und unser Guide, der sich als „James" vorstellte, schritt schnellen Schrittes durch die urwüchsige Tropenlandschaft. Der kurze Abstecher verlangte meiner Freundin und mir jedoch einiges ab, die feucht-schwüle Luft ließ mein Herz pochen, Schweiß rann bereits beim Atmen über die Stirn. Umso schöner war die kurze Erfrischung in einem kleinen See, welcher dem Gitgit-Wasserfall zu Füßen lag.

Nach einer leichten Stärkung in einem lokalen Markt fuhren wir weiter zum unweit entfernten Bratan-See. Außerordentlich malerisch liegt dieser inmitten eines erloschenen Vulkankraters umgeben von unberührtem Monsunwald. Auf dem Weg zum See griffen stachelige Krokodilbäume nach unserer Kleidung, armdicke Lianen luden zum Schaukeln ein, Nelkenbäume erfüllten die Luft mit ihrem einzigartigen Aroma und verworrene Sträucher verwandelten den Spaziergang in eine echte Wanderung. Warane versteckten sich im dichten Laub und bunte Vögel kündigten unseren Besuch an. Dann offenbarte sich ein traumhafter See, an dessen Ende eine Tempelanlage zur Besichtigung einlud.

Bali wird nicht umsonst die „Insel der 1000 Tempel" genannt. Aufgrund der Hindu-Kultur sind überall kunstvolle Gebetsstätten errichtet, ob im entlegenen Dschungel, am Fuße eines Vulkans, vor einfachen Wohnhäusern oder an markanten Straßenkreuzungen. Sogar inmitten von Reisterrassen oder zwischen den Plantagen finden sich kleine, malerische  Tempel, zu denen die Frauen Opfergaben bringen und um Segen bitten. Eine besondere spirituelle Stimmung lag in der Luft, wenn prachtvoll gekleidete Menschen in geflochtenen Palmblätter-Schiffchen Reis, Blüten und Obst brachten, um sie ehrfurchtsvoll abzulegen. Manchmal stieg auch der Duft von Räucherstäbchen in die Nase, die dünnen Rauchsäulen fanden in sanften

Schwüngen ihren Weg nach oben. Für einen kurzen Moment hielten die Menschen inne, ein Augenblick voller stiller Andacht, um dann wieder zurück in ihr Leben zu kehren. Es ging eine besondere Magie von diesem Ritual aus, wenn die Balinesen göttliche Harmonie für ihr irdisches Leben erbitten, sie ruhen in sich, wohlwissend, dass es für sie nur die Freude und das Leid des Momentes gibt, keine Aussicht auf eine zweite Chance nach dem Tod. Daher zelebrieren sie diesen Wunsch nach innerem Frieden und tragen ihn durch den ganzen Tag, scheinbar in jedem Wort und in jeder Tat spiegelt sich dieser wider. James war das beste Beispiel dafür.

Neben Tempeln bestimmen auch Makaken das Bild. Nahezu überall wurden Menschen von diesen Affen begleitet. Sie stibitzten frech die Opfergaben in den Tempeln, angelten nach den Rucksäcken der Vulkan-Touristen oder bedienten sich am Outdoor-Buffet nobler Hotels. Auch meine Freundin und ich hatten unsere eigene, ganz besondere Erfahrung mit den  Makaken. Noch in der ersten Woche stiegen wir in einem kleinen Hotel in der Nähe des Affenwaldes von Sangeh ab. Das Zimmer war einfach, sauber und zweckmäßig, wir wollten ohnehin nur die Nacht dort verbringen. Doch an Schlaf war nicht zu denken. Zuerst hielten uns mehrere Kakerlaken im Bad auf Trab, das beständige Krabbeln auf einem Fliesenboden war selbst für mich zu nervig. Als wir diese endlich beseitigt hatten, huschte von der Terrasse eine Spitzmaus ins Zimmer und verbarrikadierte sich hinter dem einzigen Schrank des Zimmers. Dieser musste aus tonnenschwerem Tropenholz gefertigt worden sein, denn er ließ sich keinen Millimeter bewegen. Die Spitzmaus fand ihn allerdings recht lecker, was sie geräuschvoll zum Besten gab. Gefühlt die halbe Nacht brachten wir damit zu, das Tier lebendig wieder in die Wildnis zu befördern. Jedoch forderten dann die Makaken aus der Nachbarschaft ihr Recht ein, ebenso einmal unser Zimmer besuchen zu dürfen und veranstalteten ein wildes Geschrei auf der Terrasse. Natur von ihrer schönsten Seite!

# 3

Eindrucksvoll präsentierte sich auch die Elefantenhöhle von Goa Gajah am Fuße des zentralbalinesischen Berglandes. Nach einem kurzen Spaziergang durch die Flora und Fauna zeigte uns James das Quellheiligtum, dessen Eingang jedoch eine eher dezente Ähnlichkeit zu einem Elefanten aufwies. Nichtsdestotrotz zogen wir drei mit Taschenlampen durch die niedrigen Gänge der Höhle. Kleine Fledermäuse hingen kopfüber um zu schlafen und erinnerten an kleine Wollmäuse hinter einem selten verschobenen Wohnzimmerschrank. Kunstvoll erhoben sich steinerne Gestalten, welche verschiedene Götter darstellen sollten, Weltenwächter symbolisierten den Schutz der Betenden.

Bevor unsere Reise weiterging, sollte ein Abstecher nach Tampaksiring nicht fehlen. James erklärte, dass der Ort selbst niemals auf der Landkarte vermerkt worden wäre, gäbe es da nicht einen der bedeutendsten Tempel überhaupt. Nur eine halbe Stunde Gehzeit von der Straße entfernt, offenbarte ein Ensemble aus drei quadratisch angelegten Teichen das Quellheiligtum, mit einem offenen Steinthron in der Mitte. Insgesamt 31 kunstvoll gestaltete, von dichtem Moos bewachsene Speier füllten die Becken und luden die balinesischen Bewohner zu rituellen Waschungen ein. Während wir die Bedeutung des Wassers manchmal aus den Augen verlieren, wird hier jeder Tropfen geehrt und geschätzt. Eine völlig andere Art der Betrachtung unserer wertvollsten Ressource auf der Welt, sie stimmte mich nachdenklich und ehrfürchtig.

Der Norden Balis liegt im Regenschatten, was zu einer gänzlich anderen Vegetation führt. Dort dominierten große tropische Trockenwälder mit scharfblättrigen Schraubenbäumen und den beliebten Lontarpalmen. Wanderungen in diesem Gebiet sind deutlich angenehmer und einfacher, das Klima lässt leichter atmen. James führte uns über kleine verwunschene

Pfade zu landwirtschaftlichen Nutzflächen, welche allesamt zum Schutz vor Erosionen terrassenartig angelegt wurden. Hier gediehen Kaffee, Pfeffer, Vanille, Ingwer, Kakao, Zimt, Muskat und andere Gewürze, eine Welt der 1000 Düfte, Farben und Geschmäcker. Ich genoss die Lektion „balinesische Flora" in vollen Zügen, schnupperte hier und da an verschiedensten Kräutern und Sträuchern, probierte unbekannte Früchte und genoss zum ersten Mal in meinem Leben einen Ginseng-Kaffee in einem winzigen Lokal für Einheimische.

Dann lockte mich doch das Abenteuer. Als wir kurz in Penelokan hielten, um die atemberaubende Aussicht zu genießen, konnte ich meinen Blick über die faszinierende Vulkanlandschaft schweifen lassen. Die thronenden Gipfel und der überdimensionale Kessel entbrannten das Bergfeuer in mir. Der Vulkan reichte mit seinen Ausläufern bis direkt vor die Tore des Dorfes heran, zumindest einmal wollte ich den großen Zeh in das ewige Meer aus Asche, Fels und erkalteter Lava halten. Meine Freundin und ich suchten eine komfortable Bleibe, James organisierte einen Berg-Guide und pünktlich um 3 Uhr startete ich mit der Besteigung des Ganung Batur.

Der Weg nach oben bot großartige landschaftliche Eindrücke, schmale Pfade schlängelten sich durch das lockere Vulkangestein, hin und wieder fand ein loser Brocken den Weg nach unten, Fumarolen lauerten in der Dunkelheit und wurden nur durch den Schein der Taschenlampe sichtbar. Allmählich verwandelte die Sonne den Himmel in ein orange-rotes Batiktuch und das bizarre Lavagestein nahm eine surreale Farbe an. Dann erst war klar, auf welch schmalen Felsgraten ich noch vor kurzem gewandert war. Der Blick in die tiefen Abgründe rechts und links von mir verlangten absolute Schwindelfreiheit – mehr als vorher angenomen.

Doch die Aussicht vom Gipfel war majestätisch: Die umliegenden Bergketten präsentierten sich in ihrer ganzen Pracht, zahlreiche Reisterrassen lagen ihnen zu Füßen, kleine Seen wirkten wie Regentropfen inmitten der Landschaft, schroffe Felsen ragten steil aus der Landschaft heraus, das satte Grün der kleinen Sträucher erfreute das Auge und bildete einen starken Kontrast zu dem rotbraunen Staub. Auch hier oben liefen uns freche Makaken über den Weg und warteten darauf, die Reste meines Frühstücks zu erhaschen. Der Guide hatte Eier und Bananen über der Austrittsstelle einer Fumarole platziert und mit etwas Brot und Reis als Wandermahlzeit gereicht.

Leider konnte ich mich mit meinem Guide nicht unterhalten, es war nicht der kulturelle Hintergrund, der die Menschen immer nur lächelnd nicken ließ. Vielmehr war es die sprachliche Barriere, die eine zufriedenstellende Kommunikation unmöglich machte. Ich beherrschte mehrere Sprachen zumindest so weit, dass ich mit den Menschen, deren Länder ich bereiste, in Kontakt treten konnte. Aber hier stieß ich an  meine Grenzen, mehr als ein wenig Hand-und-Fuß-Gespräche waren nicht möglich. Wenn man wirklich etwas über die Bewohner erfahren möchte, was sie denken, sie bewegt und zu dem macht, was sie sind, dann ist die Sprache der Schlüssel dazu. Eine enttäuschende Erkenntnis, die ich noch öfter in Indonesien hatte.

Wieder zurück fragte ich James, warum denn der Bergguide denselben indonesischen Namen hätte wie er selbst. Daraufhin erhielt ich eine Erklärung der skurrilsten Art. Auf Bali erhält jedes erstgeborene Kind den Namen „Wajan", je nach Geschlecht mit der Vorsilbe „I" oder „Ni". Jedes zweitgeborene Kind wird mit „Made" (der/die Mittlere) gerufen, auch wenn es nicht das mittlere Kind bleibt, was sehr häufig der Fall ist. Die Drittgeborenen wiederum dürfen entweder den Namen „Nioman" (der/die Jüngste) oder den Namen „Komang" (das Baby) tragen, auch wenn das Baby spätestens nach einigen Jahren eine stattliche Statur erreicht hat. Die Viertgeborenen müssen sich mit dem Namen „Ketut" begnügen, was der Bedeutung „unerwünscht" sehr nahekommt. Dann beginnt ab dem fünften Kind wieder die Namensgebung von vorne mit „Wajan", nur neben der geschlechtsspezifischen Vorsilbe dann auch mit der Nachsilbe „alit" für „klein" – also der „kleine Erstgeborene".

Was für uns Europäer sehr verwirrend anmutet, hat auf Bali eine lange Tradition und wird in nahezu allen Familien zelebriert. Ausschließlich für Touristen wählen die Balinesen dann einen meist amerikanischen Namen, damit sie unterscheidbar werden. Was jedoch nicht wirklich der Fall ist, denn die meisten nennen sich James, Jack, John oder Michael...

# 4

Nach und nach ließen wir den Norden hinter uns und folgten einer kurvenreichen Straße Richtung Westen. Linksseitig ließen sich die Gipfel unzähliger Vulkane erahnen, rechter Hand erstreckte sich plötzlich eine neue Welt. Während auf der gesamten Insel der Reisanbau in Monokulturen dominierte, gewährte uns die Fahrt entlang einsamer Bergkämme neue Einblicke. Denn dort fanden meine Freundin und ich plötzlich ein anderes Bali, eines, bei dem es nicht darum ging, drei Reisernten pro Jahr zu bewerkstelligen, eines, bei der die Natur geachtet wurde. Food Forest nannte James diese Art der Landwirtschaft und hielt das Auto an.

Bis zu diesem Zeitpunkt war unser Guide wie alle anderen Balinesen auch: still, zurückhaltend, stets ein Lächeln auf den Lippen und sehr zuvorkommend. Doch plötzlich schien es, als hätte der Landwirt seine Stimme entdeckt, er redete sich um Kopf und Kragen, die Worte überschlugen sich fast, als er von den Vorteilen eines Food Forest schwärmte. James Augen leuchteten während er mit dem Finger auf einzelne Punkte in der Ferne deutete, er strahlte von innen heraus, es war sein Herzensthema.

James meinte, er selbst hätte auch ein sehr ähnliches Areal, das bewirtschaften seine Kinder, während er uns die Insel zeige. Ich erlaubte mir zu fragen, ob er uns dorthin bringen könnte. Zwischen Stolz und Scham geleitete James meine Freundin und mich in ein nahegelegenes Dorf, umgeben von bunten Food-Forest-Terrassen. Ein kurzer Fußweg, dann ließ unser Guide inne und ließ bedächtig den Blick über sein Reich schweifen. Mais, Süßkartoffeln, Ananas, Bananen, Kaffee, Gemüse, Gewürze und Heilkräuter, Kokos- und Betelnüsse sowie Litschi-, Mangostan-, Rambutan-, Mango-, Papaya- und Passionsfruchtbäume gediehen nebeneinander. Der einstige Vollzeit-Landwirt erklärte uns, wie ein Food Forest aufgebaut wäre, warum diese Art der Lebensmittelproduktion so viele Vorteile bringe und weshalb auch aus ökologischer Sicht ein Food Forest sinnvoll ist. Zwischenzeitlich fragte ich mich kurz, was um alles in der Welt ich eigentlich während des Englisch-unterrichtes in der Schule gemacht hatte, doch irgendwann konnte ich „consistent", „hillside planting" und „vegetation levels" richtig einordnen und verstand, worum es James ging, was er uns zu vermitteln versuchte, weshalb er mit so viel Leidenschaft dafür brannte.

Dieses Prinzip dieser Landwirtschaft wird seit Jahr-tausenden in den Tropen, vor allem in Indien und Indonesien, betrieben und stellt besonders für die Landbevölkerung die Lebensmittelgrundlage dar. Da-rüber hinaus liefern die Bäume auch Material für den Hausbau oder die Feuerstellen. Menschen, welche  einen Food Forest unterhalten, roden seltener tropi-sche Urwälder, schützten den Boden vor Erosion und Überschwemmungen und fördern die Artenvielfalt. Ich stand neben James, lauschte seinen Erklärungen und vor meinem inneren Auge entstand mein kleiner, persönlicher Food Forest auf dem Areal des Krautgartens. Der Plan war klar!

Nach zahlreichen Schleifen erreichten wir Cecik, einen kleinen Ort am Ein-gang des Barat-NP. Meine Freundin und ich quartierten uns für zwei Nächte ein und organisierten einen Guide. Nahezu der gesamte Westen Balis wurde 1983 zum Naturschutzgebiet erklärt und durfte nur mit einem Führer be-treten werden.

Schon am ersten Morgen holte Jack, eigentlich der Zweitgeborene, meine Freundin und mich von unserer bescheidenen Unterkunft ab und fuhr zum NP-Eingang. Zuerst wanderten wir auf verschlungenen Pfaden durch dichte Mangrovenwälder, Krebse versteckten sich schnell, als wir vorbeischlichen, Vögel in den schillerndsten Farben flogen dicht über unsere Köpfe. Nur dort finden seltene Arten noch Brutplätze in den edlen Mahagoni, schlanken Pi-nien und bizarren Zweiflügelfruchtbäumen. Anschließend veränderte sich aber die Landschaft, der Sumpf wich einer Salzebene entlang der Küste. Unser Blick schweifte über die glitzernde Oberfläche des Meeres und in der Ferne zeichneten sich die Umrisse springender Delfine ab.

Wieder zurück lichtete sich der Dschungel, in den lockeren Laubwäldern streiften schwarze Affen, Riesen-Eichhörnchen sowie seltene Schlangen und wären unseren europäischen Augen entgangen, hätten wir nicht einen Guide gehabt, der mit allen Sinnen die Gegend durchschritt. Aufmerksam zeigte Jack verschiedenste Löcher und benannte die dazugehörigen Bewohner, erklärte die pharmakologische Wirkweise verschiedenster Pflanzen, welche den Weg säumten, und führte uns sicher durch das fast undurchdringliche Dickicht der sagenhaften Landschaft. Gegen Abend luden die immergrünen Berghänge erloschener Vulkane ein, diese eindrucksvolle Kulisse noch einmal auf uns wirken zu lassen und zu entspannen.

James holte uns pünktlich wieder von unserer Unterkunft ab und fragte, wohin wir denn nun wöllten. Mein Aufnahmevermögen war allmählich erschöpft, mein Geist rief nach einer Pause und auch meine Seele wollte gerne ein wenig baumeln. Denn nach den intensiven Tagen hatte ich irgendwann den Überblick verloren, wie all diese traumhaften Orte genannt wurden, zu denen uns James andächtig führte. Und so entschieden meine Freundin und ich, den Weg Richtung Lombok einzuschlagen. Die Sanduhr war ein letztes Mal umgedreht.

Das Mietauto abgegeben, James gebührend verabschiedet, die Fähre nach Lombok bestiegen – und prompt in eine andere Welt eingetaucht. Nicht nur die Bevölkerung, welche zum Großteil aus indigenen Zuwanderern mit islamischem Glauben besteht, sondern auch die Flora und Fauna war eine gänzlich andere. Auf Lombok tickten die Uhren zudem ein wenig gemächlicher, alles war stiller, ursprünglicher und weniger touristisch erschlossen. Meine Freundin und ich suchten nach einer Unterkunft und wurden in einer kleinen Bungalow-Anlage direkt am Strand fündig. Zwischen Blumen und Palmen hatten wir noch ein paar Tage Zeit, auch die Wasserwelt zu genießen.

Mehrmals ließen meine Freundin und ich uns zu einem Schnorchelausflug abholen. Schillernde Fische versteckten sich in den bunten Pflanzen, kleine Tintenfische hinterließen ihre blauen Spuren und schaurige Muränen lugten aus Felsspalten hervor. Die beeindruckenden Korallenriffe waren sagenhaft.

Am letzten Tag lieh ich mir noch ein Surfbrett. Das Meer war an dieser Stelle perfekt, trotz jahrelanger Pause schaffte ich viele gute Stand-ups und konnte eintauchen in die sanften Wellen des Ozeans. Es war ein unbeschreibliches Gefühl, so als könnte man etwas Unkontrollierbares für einen Augenblick kontrollieren. Nichts schien meine Stimmung trüben zu können. Ich lag einige hundert Meter vom Ufer entfernt glücklich und entspannt auf meinem Brett, die Sonnenstrahlen wärmten meinen Rücken, meine Arme trieben schwerelos im Wasser. Ich wartete auf den leichten Zug, der die nächste Welle ankündigen und mich letztlich ans Ufer bringen würde. Der rote Feuerball stand bereits tief, es würde bald dunkel werden, hier so nahe am Äquator gab es keine Dämmerungszeit.

Dann traute ich meinen Augen nicht, mein Körper wurde bewegungsunfähig, ich konnte nicht mehr atmen. Fünf dreieckige Rückenflossen umkreisten mich, keine mehr als 2 Meter von mir entfernt. Panisch blickte ich mich um, außer mir waren nur noch drei Indonesier im Wasser, sie hatten den Besuch nicht bemerkt und waren dabei, mit ihren Surfbrettern Richtung Strand zu gleiten. Verglichen mit der Statur eines Südostasiaten war ich auch definitiv die üppigere Mahlzeit, welche die Haie hier in diesem Gebiet bekommen könnten.

Verzweifelt ließ ich mich ins Wasser gleiten, löste die Leash von meinem Fuß und umschlang meine Unterschenkel mit den Armen, sodass ich wie ein Ball von den Wellen getragen wurde. Mein Surfbrett rauschte lautlos davon, einer der Haie biss zur Probe hinein, seine Zähne waren beeindruckend. Ich fragte mich, ob ich der nächste Happen sein würde, ob es bei diesem Gebiss wenigstens schnell ginge? Noch immer war ich von den angsteinflößenden Rückenflossen umzingelt. Seit über einer Minute hatte ich wahrscheinlich nicht mehr geatmet, in der Hoffnung, als menschliche Boje in Kugelform einfach an den Tieren vorbeitreiben zu können. Doch die Strömung war nicht stark genug, ich dümpelte fast auf der Stelle und blickte dem geteilten Surfbrett nach, während es davon glitt. Ob ich das Leihstück bezahlen müsste?

Mit einem Mal waren die Rückenflossen verschwunden. Ich wusste nicht, wohin, mein Blick reichte nicht weit genug in die Tiefe, doch scheinbar war ich wieder allein im Wasser. Bewegungsunfähig verharrte ich jedoch in meiner Kugelposition, eine Schockstarre. Nach einer gefühlten Unendlichkeit erreichte ich den rettenden Strand, mit zitternden Knien und klopfendem Herzen. Selten zuvor hatte ich einen solch großen Respekt vor dem Meer und seinen Bewohnern.

Am Abend kehrten meine Freundin und ich zum Abschluss des Urlaubes in einem traditionell indonesischen Restaurant ein, nichts Nobles, aber lecker und authentisch. Wir bestellten jeweils den „Teller des Tages", den wir mit innigstem Genuss inhalierten, um ihn anschließend voller Inbrunst zu verspeisen. Für einen Moment vergaß ich den Schreckensmoment im Meer und konnte all meine Ängste ablegen, versöhnt durch den „Teller des Tages".

Unsere Rückreise verlief, wider Erwarten, sehr ruhig, keine Fehlbuchungen, keine Sonderflüge, keine anderen unvorhersehbaren Zwischenfälle beim Zoll oder irgendetwas anderes. Wir kamen nach drei wunderbaren Wochen in Indonesien wieder zu Hause an, erholt und entspannt.

Meine knapp 280 m² Krautgarten sollten also zum Food Forest werden. Doch wo beginnen, wo enden?

Grundsätzlich ist die Idee, mehrjährige Pflanzen anzubauen, nichts Ungewöhnliches. Vielmehr sind die einjährigen Gemüsesorten, welche unseren Speiseplan heute dominieren, eher unnatürlich. Nicht nur die Natur besetzt lediglich kahle Stellen mit kurzlebigen Pflanzen, bis wieder ein bewaldetes oder teilbewaldetes Gebiet entstanden ist. Auch bis zur Erfindung des Traktors war es für die meisten Menschen in ländlichen Gebieten Europas üblich, am Waldrand wenige einjährige Kulturen inmitten der mehrjährigen Pflanzen zu ziehen.

So weit, so gut. Ein derartiges Projekt ist jedoch eine sehr komplexe Angelegenheit, zumal Food Forest, Agroforest und Waldgarten nicht dasselbe sind.

Ein tropischer Food Forest orientiert sich am Aufbau des Regenwaldes: Hohe Bäume mit einem ausladenden Blätterdach, durchrankt von Kletterpflanzen und besetzt mit Epiphyten, kleinere Gehölze und Stauden sowie eine Bodenschicht aus Gräsern und Pilzen. Die Waldpflanzen werden bei der Anlage eines Food Forest durch Nutzpflanzen ausgetauscht, das Waldsystem hingegen bleibt bestehen. So entwickelt sich ein ertragreiches, beständiges und ökologisch wertvolles Produkt, das die Arbeit nach der Anlage auf das Wesentliche reduziert und dennoch große Erträge einfährt.

Ein Agroforst hingegen bezeichnet eine Fläche, welche sowohl land- als auch forstwirtschaftlich genutzt wird. Neben Obstbäumen und Bäumen für die Holznutzung gedeihen auch einjährige Kulturen. Besonders in Gebieten, welche durch Wassermangel, Erosion oder Humusabbau gebeutelt sind, kann Agroforstwirtschaft deutliche Vorteile bringen.

Waldgärten sind das Pendant zu tropischen Food Forests. Auch hier wird versucht, die Etagen des Waldes als Baum-, Strauch- und Krautschicht mit Nutzpflanzen nachzubilden. Aufgrund der Licht- und Temperaturverhältnisse in den gemäßigten Breiten können die Pflanzen jedoch nicht so dicht wie in einem Food Forest angelegt werden, ein Waldklima kann nicht entstehen, dafür eine parkähnliche Anlage mit unterschiedlichsten Randzonen.

Ich las mich in die Thematik „Waldgarten" ein und erkannte, dass es einige Kenntnisse erfordert und auch Zeit und Geduld abverlangt, bis das Ergebnis Früchte tragen kann. Im wahrsten Sinne des Wortes. Doch das Grundprinzip war rasch klar. Bei einer Plantage oder Monokultur werden dieselben Pflanzen im gleichen Alter im regelmäßigen Abstand voneinander gepflanzt, damit sich gleichmäßige Erträge einfach einfahren lassen. Doch es gibt keine Vielfalt, keine verwobenen Strukturen und kein Leben. Das bedeutet, viel Arbeit, Zeit und Kosten für die Betreiber sowie eine rasche Erschöpfung der Pflanzen und des Bodens. Bei einem Waldgarten hingegen gedeihen unzählige Kulturen, die sich in diversen Entwicklungsstufen/Alter befinden, in nahen oder weiten Abständen voneinander stehen und die einzelnen Schichten zu einem Ganzen verweben. Durch dieses Miteinander werden vielfältige Randzonen geschaffen, in denen Lebensraum entsteht.

Ein detailreicher Plan musste her. Auf einem Blatt zeichnete ich mir die bisher bestehenden Strukturen auf: Wege, Beete, Komposter, Wasserstellen, Pflanzen. Alles sehr überschaubar. Dann überlegte ich, welche Kulturen ich für die Baum-, Strauch- und Krautschicht überhaupt möchte und welche Standortbedingungen diese haben. Zu guter Letzt musste ich mir klar werden, wie viel Platz ich Gemüsebeeten einräumen wollte. Denn wird ein Waldgarten zu extensiv angelegt, ist der Raum für einjährige Pflanzen von vorherein begrenzt, im Laufe der Zeit verschwindet er fast ganz, weil der Platz von Gewächsen der Strauchschicht eingenommen und von Bäumen beschattet wird.

Alsdann entstanden die ersten Entwürfe: Um so vielfältig wie möglich zu gestalten, ließ ich schattige und sonnige Areale, windige und windstille Bereiche, nährstoffreiche und magere Zonen, feuchte und trockene Standorte abwechseln. Was kompliziert klingen mag, gelingt relativ einfach: Durch unterschiedliche Pflanzabstände und Wuchshöhen in der Baum- und Strauchschicht variiert der Lichteinfall und verändert sich das Wachstum in der Krautzone. Eine kammähnliche Pflanzung von größeren Gewächsen im Osten und Westen führt zu einem guten Windbruch und schützt niedrige und empfindliche Kulturen dahinter. Pflanzt man Bäume und Sträucher in einem unterschiedlich breiten Saum von Westen über Norden bis nach Osten U-förmig um das Areal herum, bildet man eine Sonnenfalle, sodass Frostschäden im Zentrum selten sind. Wasserbecken sowie Trockenmauern erhöhen ebenfalls die Abstrahlung des Sonnenlichtes und somit die Temperatur der Umgebung. Auf erhabene Bereiche setzt man trockenheitsliebende und schwachzehrende Pflanzen, in Senken hingegen durstige und nährstoffhungrige Gewächse. Damit sich Pflanzen in unterschiedlichen Entwicklungs- und Ertragsstadien befinden, werden schnell und langsam wachsende Sträucher sowie Bäume in Spindel- oder Busch- und Halbstammform gesetzt.

Statt das Areal zu verändern, suchte ich lieber nach den passenden Pflanzen für jede einzelne Stelle im Garten. Diese Planungsarbeit war zwar etwas mühsam, aber lohnenswert. An der Ostseite entstand so ein unterschiedlich breiter Saum, welcher Kirschbäume in Busch- und Halbstammform, Heckenrosen, Schlehen, Holunder, Sanddorn und Kornelkirschen beherbergte. Um die Bodenschicht sofort zu bedecken, pflanzte ich dazu Orangen- und Marokko-Minze, Wilde Rauke, Waldmeister, Wiesenklee und Brennnessel. Die Westseite hingegen beheimatete auf einem breiter zulaufenden Streifen Felsenbirnen, Mispeln, Haselnüsse, Hartriegel, Birnen als Halbstamm sowie Pflaumen in Buschform und mehrere Johannis- und Stachelbeerarten. Als Bodendecker durften sich Brunnenkresse, Bärlauch und Walderdbeeren ausbreiten. Die Nordseite bot durch die Pflanzung verschiedener Apfelbäume in Busch- und Halbstamm-Form sowie unterschiedlichster Brom- und Himbeerarten einen guten Wind- und Kälteschutz. Durchzogen war der Innenbereich des Waldgartens von mehreren kleineren Gemüsebeeten, an einigen sehr sonnenexponierten Stellen gediehen Spargel und Erdbeeren, hin und wieder ein Kräuter- oder Wildblumenbeet. Dazwischen legte ich kleine Inseln an: Marillen, Apfelbeeren und einige Jostabeeren bildeten eine Familie. Quitten, Mirabellen und Aprikosen vereinten sich mit essbaren Lilien, Malven und Rhabarber. Heidelbeeren gründeten eine saure Wohngemeinschaft mit Schaumblüten und über dem Komposter durften anfangs noch Kürbisse ranken, später wurden sie vom Wein verdrängt. Hin und wieder wuchsen wilde Haufen aus Steinen, Ästen oder Baumstämmen sowie Sandberge und dienten tierischen Mitarbeitern als Unterschlupf.

Dann war die meiste Arbeit nach dem Pflanzen getan. Anschließend folgte ich dem Motto von Nena: irgendwie, irgendwo, irgendwann. Zuerst ließ ich gedeihen, dann griff ich hier und da ein, wenn starkwüchsigen Pflanzen die Grenzen aufgezeigt werden mussten, ein Obstbaum erkrankte und den Platz räumte oder manche Brombeer-Sorten doch nicht schmeckten.

*1*

Ich musste an meine Freunde denken, die nach dem Hausbau einen Land-schaftsarchitekten für die Gartengestaltung beauftragen. Letztlich entsprach ihr Garten aber zu keinem Zeitpunkt dem Computerbild, was sie sehr ent-täuschte. Denn es handelte sich nur um eine Momentaufnahme, bei der jeg-liche natürliche Entwicklung nicht bedacht war. Meine Planungen, Skizzen und Entwürfe dienten mir lediglich der Orientierung, die Natur entwirft durch positive und negative Rückkoppelung, Konkurrenz und Kooperation, Begrenzung und Durchlässigkeit, Wechselwirkung und Selbstregulation sowie Vernetzung und Flexibilität ständig neue Bilder. Dadurch erhält man in einem Waldgarten in den ersten Jahren eine reiche Ernte an einjährigem und mehrjährigem Gemüse sowie schnelltragendem Beerenobst, anschlie-ßend prägen das spättragende Beerenobst und die schnelltragenden Obst-bäume die Erträge, während gegen Ende hauptsächlich die spättragenden Obstbäume und wiederum einjährige Gemüsearten Lebensmittel liefern.

Doch bis es soweit ist, genieße ich erst einmal meinen reichhaltigen Speise-plan, welcher dank der mehrjährigen Arten deutlich vielfältiger geworden ist. Auch mein Waldgarten durchläuft verschiedene Phasen und wenn mir eine besonders gut gefällt, kann ich beispielsweise durch die Entnahme von einzelnen Pflanzen und die Schaffung von neuen Sonnenbereichen diese ge-zielt verlängern oder verkürzen. Es bleibt spannend im Waldgarten.

# Epilog

## La dolce vita — Urlaub und Garten

Sonne, Wasser, Erde – diese Elemente sind die Basis für alles, was auf diesem Planeten wachsen kann. Und sie sind auch Nahrung für die menschliche Seele. Nicht umsonst suchen Menschen seit Jahrtausenden die Natur auf, um die heilsame Wirkung zu erleben. Denn die Natur, ob Garten oder Balkon, Wald oder Wiese, nah oder fern – sie nährt uns.

Schon die ersten Menschen wussten, dass sie sich in Sicherheit wiegen können, wenn sie die Blätter rascheln und die Vögel zwitschern hören, wenn der Bach gemächlich fließt oder der Wind bedächtig die Gräser schaukeln lässt. Und auch in der heutigen Zeit verbinden wir mit dem Licht, den Geräuschen, den Farben und den Bewegungen der Flora und Fauna das Gefühl von Geborgenheit und Ruhe.

Der Zauber, den die Natur und vor allem ein Garten auf uns ausübt, lässt sich am besten so erklären, dass der Versuch, etwas Unkontrollierbares zu kontrollieren, uns endlos lockt. Die Einladung, ein Stück Wildnis zu kultivieren und nach den eigenen Vorstellungen zu gestalten, die immer wiederkehrende Wandlung von Blühen, Reifen und Vergehen, kann uns stärken. Wenn wir uns auf die Natur einlassen, finden wir immer wieder neue Orte der Vollkommenheit und neue Kraftquellen.

Am besten begegnet man der Natur auf Reisen, die uns in fremde Welten führen. Dabei müssen die Reisen aber nicht immer bis ans andere Ende der Welt reichen. Denn die Erde ist viel kleiner, als wir denken, sie ist überschaubar, nah und echt. Dennoch wird sie immer groß genug bleiben, um stets etwas Überraschendes bereitzuhalten und Wundervolles zu offenbaren. Unser Leben ist eine einmalige Chance, das zu begreifen, eine Möglichkeit, die es zu nutzen gilt.

Jede Reise hat mir geholfen, das zu verstehen. Nicht nur die, welche ich im Buch beschrieben habe, auch all die anderen, nach Korsika, Thailand, Föhr oder Schweden, von der Zugspitze bis ans Wattenmeer, nach Korfu, Tunesien, Südafrika oder Slowenien, entlang der ehemaligen innerdeutschen Grenze oder durch La Gomera. Und ich würde jede Reise noch einmal unternehmen, nichts würde ich verändern, keinen Canyon auslassen, keinen Berg umfahren, keine Wüste überfliegen. Denn dann wäre mir so viel Lebenswertes entgangen. Und ich hätte wohl keine Inspiration für meine Gärten gehabt, für meinen Ort der Selbstvergessenheit, an dem kein Platz für die belastenden Sorgen und einvernehmenden Ängste des Alltages ist, der Platz, an dem ich Ruhe finden, neue Energie tanken oder Kraft schöpfen kann.

Die Namen einiger Personen wurden geändert, weil es aus Gründen der Rücksichtnahme notwendig erschien.

**Für Fragen und Anregungen
stehen wir Ihnen jederzeit zur Verfügung:
info@bx-verlag.com**